自卫防身术实践研究

任丽娟 编著

西北工业大学出版社
西 安

【内容简介】 在理论层面本书主要阐述了自卫防身术的特点与作用、运用原理与原则、谋略与战术;在格斗层面本书主要传授了站立状态下防守方法、反击方法、抓握、搂抱、肩扛解脱方法、擒拿方法、防卫反击技法,以及地躺防卫技法,包含了徒手与徒手、徒手与器械之间的格斗技法和技能。

本书内容全面、丰富、连贯,注重实际,突出实效,具有实用性、可操作性,适合作为大众健身、防身以及专业人士训练的参考书。

图书在版编目(CIP)数据

自卫防身术实践研究 / 任丽娟编著 . —西安:西北工业大学出版社,2018.12
　ISBN 978 - 7 - 5612 - 6444 - 7

　Ⅰ.①自⋯　Ⅱ.①任⋯　Ⅲ.①防身术-研究　Ⅳ.①G852.4

中国版本图书馆 CIP 数据核字(2018)第 302282 号

ZIWEI FANGSHENSHU SHIJIAN YANJIU
自 卫 防 身 术 实 践 研 究

责任编辑:胡莉巾	策划编辑:杨　军
责任校对:郑世骏	装帧设计:李　飞

出版发行:西北工业大学出版社
通信地址:西安市友谊西路 127 号　　邮编:710072
电　　话:(029)88491757,88493844
网　　址:www.nwpup.com
印 刷 者:陕西向阳印务有限公司
开　　本:787 mm×1 092 mm　　1/16
印　　张:10.625
字　　数:252 千字
版　　次:2018 年 12 月第 1 版　　2018 年 12 月第 1 次印刷
定　　价:39.00 元

如有印装问题请与出版社联系调换

前言

近年来,社会不安全事件时有发生。尽管人们逐渐意识到保护自身生命和财产安全的重要性,但是,多数人由于自卫防身技能没有得到很好的训练,当自身生命和财产安全遭到威胁时仍束手无策。目前,自卫防身术课程教学与培训在我国的开展还相对滞后,相关课程的教育和宣传相对薄弱,学习和掌握自卫防身技能也没有得到很好的重视。从课程设置来看,高校中开设自卫防身课程的非常少,校外自卫防身课程培训力量也很薄弱,专业程度有待加强。从师资力量来看,能够承担此门课程教学与培训的教师或教练员较少,无法满足社会对自卫防身技能学习的需求。

笔者从事高校体育教学近三十年,在校教授过女子防身术课程、武术课程以及散打培训课程等,在自卫防身知识与技术、教学与训练方面有一定的积累和经验,长期以来,在相关方面不断学习和提高,希望编写适用于自卫防身术练习者、教练员参考使用的自卫防身术书籍。因此笔者也期待有更多的学校开设自卫防身课程,更多的社会体育俱乐部广泛开展自卫防身术培训,更多的体育爱好者和普通大众能从本书或各种途径学习自卫防身技能,实现健身、防身的目的。

本书从理论层面主要阐述自卫防身术的特点与作用、运用原理与原则、运用谋略与战术、防卫训练、运动损伤及其预防以及人体的基本知识。从格斗层面主要讲授站立状态下防守方法、反击方法,抓握、搂抱、肩扛解脱方法,擒拿技法,(拳法、腿法、摔法)攻击的防卫反击技法,匕首行刺反击方法以及地躺状态下防卫技法。强调在被侵害方抓握、搂抱、肩扛攻击的情况下,如何通过防卫技法解脱控制;在非接触的情况下自身遭到攻击时,如何防守免遭伤害等。希望读者通过阅读本书并配合一定防卫训练,能了解和掌握自卫防身术基本理论知识、人体相关知识以及防卫训练方法,建立防范意识,掌握自卫防身知识与技能。

本书在总结多年自卫防身术教学训练实践经验、阅读大量文献资料的基础上,经过反复修改和完善后定稿。书中内容全面、丰富、连贯,实践与理论相结合,注重实际,突出实效,具有实用性、可操作性,适合作为大众健身、防身以及专业人士训练使用。

本书在编写过程中,得到了陕西师范大学体育学院敬继红、陕西省体育运动学校刘剑以及西安财经大学黄信杰、朱金钟、李攀等的支持与帮助,在此深表感谢。

由于水平、经验有限,书中难免存在不足之处,望广大读者批评指正。

编著者

2018 年 8 月

目 录

第一章	**概述**	1
第一节	自卫防身术的特点与作用	1
第二节	自卫防身术运用的原理与原则	3
第三节	自卫防身术运用的谋略与战术	4
第二章	**站立防卫技法**	8
第一节	立站姿势	8
第二节	立站手形与步法	10
第三节	立站防守技法	15
第四节	立站反击方法	29
第五节	立站抓、抱、扛解脱方法	56
第六节	立站擒拿技法	79
第三章	**立站防卫反击**	96
第一节	拳法攻击的反击	96
第二节	腿法攻击的反击	106
第三节	摔法进攻的反击	113
第四节	匕首行刺反击	114
第四章	**地躺防卫技法**	126
第一节	地战技法	126
第二节	地战反击方法	128
第三节	地战反击技法	128
第五章	**人体的基本知识**	133
第一节	人体易遭受损害的部位	133
第二节	人体的要害穴位	140

第六章	**防卫训练**……………………………………………………	147
第一节	身体训练…………………………………………………	147
第二节	基本动作训练……………………………………………	154
第三节	功力训练…………………………………………………	154
第四节	武术基本动作训练………………………………………	157
第七章	**自卫防身术的损伤及其预防**……………………………	159
第一节	运动中常见的损伤与处理………………………………	159
第二节	自卫防身术运动损伤的预防……………………………	161
参考文献……………………………………………………………………		163

第一章 概 述

随着人民生活水平的提高,人们精神层面的需求提高,自我安全意识及防范意识逐渐加强。当人们的生活、生命和财产安全受到威胁时,仅有意识是不够的,必须采取应对措施保护自身的人身安全和财产安全,这就需要有自卫防身观念、防范策略和自卫防身技能,在遵守国家法律法规的前提下,采取正当手段,保护自身生命和财产安全。只有树立人身、财产安全意识,熟练掌握一定的防身自卫技能,才能有效保护自己,才能在社会高速发展的新时期,更好地为祖国建设和发展贡献自己的力量,推动社会主义事业健康、顺利发展。自卫防身教育关乎全社会每一个公民,是社会发展的需要,也是广大民众的需要。

第一节 自卫防身术的特点与作用

自卫防身术,是当人们受到非法暴力侵害时,采取的用于保护自身、他人生命安全、财产安全的综合防范技术。自卫防身术是人类社会发展进步过程中的必然产物,是人们在长期的生活实践中积累提炼形成的。自卫防身术的思想和技法归纳、提炼了多种安全防范的措施和搏斗术的方法,遵循对抗运动的规律与特点,贴近大众化防身术,男女老少皆宜。它是通过体育的教学训练方法和手段来提高人们的防范技法、防范技能、防范理念和防范策略,从而达到保护人们的目的。其特点是具有实用性、广泛性和防范性,易学易懂、贴近生活,并融入防卫中涉及的法律、战术谋略等相关知识,它与体育同样都具有强身健体的功能。

一、自卫防身术的特点

(一)利用一切可能进行防卫

人的能力是有限度的,对于一些弱势群体而言更是如此。遇到非法暴力侵害时,可以充分利用身体多个部位,如头、手、脚、腿、臂、肘、膝等以及身边具有攻击效果的物品,如石头、沙子、砖块、棍棒、绳子、板凳等防守与反击,以达到防身自卫的目的。

(二)直击要害进行防卫

当有人企图做出违法侵犯他人行为时,无论其身材高矮、胖瘦、强壮与否,都可以对其薄弱环节、要害部位出击,甚至摧毁其攻击能力。用此方法还击时,一定要趁其不备,快速发力,切不可犹豫。

(三)灵活机智进行防卫

防身自卫一定要以防护为目的,要具有高度的敏锐性和快速反应能力,能避就避,能跑就跑,能战就战。针对不同的对手和环境条件,采取可行方法行动,不能做出不切合实际的逞强行为。在防卫中,正确把握进攻时机,防守要到位,反击要及时。

(四)多形式作战进行防卫

侵害者为了达到侵害他人的目的,会采取各种方法与手段。因此,自身防卫要能应对站立与地躺状态下被攻击的各种复杂情况,掌握多形式作战防卫技能,如站立徒手与徒手、徒手与器械,以及地躺徒手与徒手之间的作战技能,合理、准确地运用站立状态下拳、掌、肘、膝、摔、擒技法及地躺状态下防卫技法。

二、自卫防身术的作用

(一)培养武德

自卫防身具有技击性和杀伤性,受本课程性质和目标的影响,"尚武崇德"的灌输和培养是本课程教育的重要部分。中国自古重视道德修养,追求道德修养的尽善尽美,把道德作为评价一个人的重要指标。中国武术受中国传统礼仪道德的影响,在几千年的发展中,始终讲究礼仪,重视道德,并形成了自己的道德,即"武德"。传统武术讲究"未曾学艺先学礼,未曾习武先习德"。自卫防身术教学训练注重培养练习者树立正确的人生观、世界观和价值观,通过武德礼仪教育,规范仪态容貌、行为举止、思想言行,培养谦虚、宽容、礼让、见义勇为、尊师重道、讲礼守信、与人为善等高尚品德。

(二)健体防身

自卫防身术是斗智、斗勇、斗技的运动。通过学习和训练,练习者能掌握防身自卫的技能,能够提高力量、速度、耐力、灵敏、柔韧等身体素质,增强机体新陈代谢,提高骨骼抗压、抗弯、抗折的能力,增强人体呼吸系统、心血管系统、神经系统、运动系统的活动机能。自卫防身术训练具有对抗性,练习者要能准确把握进攻、防守与反击,或避开对手击打的时机,根据对手状况,灵活机智地去应对。练习者需要在训练中建立正确的条件反射,提高应变能力,具备机智、冷静、应变能力强、思维敏捷等素质。因此,它是发展练习者心智的较佳锻炼项目之一。自卫防身术训练还可提高练习者的击打与抗击打能力,这种能力是防身自卫、克敌制胜必须具备的。

(三)磨炼意志

自卫防身术训练,从基本动作、基本技术、条件实战到全面实战练习的过程,需要练习者克服胆怯、犹豫、肌肉疼痛、伤病困扰等多种困难,这些对练习者的意志品质是一个考验。意志坚强者会克服困难,勇敢拼搏。

自卫防身术训练能培养练习者勇敢、顽强、坚毅、吃苦、敢于拼搏等意志品质,达到养成成熟稳健、不畏艰险、敢于挑战、乐观进取等精神的目的。

(四)锻炼勇气和胆量

面对突如其来的侵害,被侵害者要保持冷静、清醒的头脑,并在尽可能短的时间内了解和判断侵害者的动机以及基本情况,以尽快做出反应,在能保护自身生命安全的前提下,以法律为准绳,选择最佳应对措施,确定如何回避、控制和反击。这就需要被侵害者临危不惧,并且具有较强分析、解决问题的能力。只有在平时的训练中,不断锻炼勇气和胆量,才能在突发事件发生时,做到不恐慌、思路清晰、判断准确,才能有效地发挥防卫技能、释放体能。

第二节 自卫防身术运用的原理与原则

一、自卫防身术运用的原理

(一)利用身体部位或身边器物进行反击

当出现暴力危险时,为了保护生命安全,身体任何部位都是防御和反击的有力武器。在危境中,强调本能的运用,没有花招与规则,只求能达到最有效的反击目的。例如,用手指挖、戳眼睛或鼻孔,用牙齿撕咬,用头撞击面部等;充分利用身边一切可以利用的器物反击,如笔、灭火器、石灰等。

(二)针对人体穴位进行反击

在中医中,穴位是针灸学名词,也称腧穴,是人体"经络"与外界相通的"门户",是接受刺激反应比较强烈的特定部位。民间武术人士认为,掐拿、压迫、打击这些穴位可以使人肢体麻痹、周身剧痛、丧失不同程度的抗争力。在纠缠中,运用一定手法对对手穴位掐拿、按压、打击,即便是女性在被纠缠或被抓的情况下,只要保持冷静,对准对手穴位进行攻击,也可能轻易地摆脱纠缠甚至重创对手。

(三)针对人体关节进行反击

人体中骨与骨相连接且能活动的部位叫关节。根据关节运动轴的多少和关节面的形状,可将关节分为单轴关节、双轴关节和多轴关节三种类型。关节的运动形式可分为屈、伸、外展、内收、旋转和环转六种,跨过关节的韧带、肌腱、肌肉、皮肤的弹性和伸展是有限的。在反击侵害者时,多以肩、肘、膝、腕四个关节作为反关节的对象进行反击。在与对手的搏斗中,如果能准确而熟练地运用人体关节活动范围的有限性,通过扳、点、扣、拿、牵、托、别、抱、缠等方法,对其关节进行超过生理限度的压迫和打击,就有可能丧失其进攻能力。

(四)针对人体薄弱部位进行反击

人体的不同部位、不同组织器官对外来暴力侵害的承受力差异很大,往往同一性质、同样大小的力量,作用在人体的不同部位,会产生不同的打击效果。对于没有经过擒拿、格斗等专业训练的人群,运用拳、腿及擒拿进攻,难以奏效,甚至有可能会遭到对方反击伤害。如果能针对人体薄弱部位有效打击,就会使对方某些组织和机体功能出现障碍、昏迷、休克、伤残,甚至死亡。

二、自卫防身术运用的原则

(一)合理运用技法

防卫技法力求动作规范、正确,完成泛化、分化到自动化的过程。可先个人练习,在逐渐过渡到双人练习,同时设定不同情境,运用不同技法练习。双人练习中,你来我往,递招拆招,从有法到无法,身无定形,手无定式,脚无定位,最终达到随心所欲的境界。在练习中锻炼胆量,培养临危不惧、沉着稳健的心理素质以及快速分析与解决问题的能力。当危险来临时,才能想出解决问题的办法,单凭本能反应,就能化险为夷。

(二)出手快速,部位准确

在与侵害者交手时,出拳要快速、有力,步法灵活,腿法刚劲。在遭到侵害处于被动情况下,无法躲避时,可以发声助威,对侵害方形成威慑力,同时调整心态,抓住时机,快速攻击,为我方争取优势。

训练要贴近实战。训练中始终要想象自己处在实战状态下,把自己置身于"危险"之中,练习动作技术要规范、严谨,努力提高自身技能与心理素质水平。当遇到危险时,打击部位一定要精准,因为一旦失手不准,难免屡打不准;要动起有方,用起有法,法到力到,使法必准,以防后患。

(三)攻击穴位、关节和薄弱部位

在与侵害者交手时,要尽可能地针对侵害人的穴位、关节和薄弱部位进行攻击,要合理运用格斗技法,有效地打击对手。

(四)灵活应对

当危险来临时,必须保持冷静,灵活应对侵害者,最大限度保护自身生命安全。其一,观察周围环境,例如繁华还是偏僻、开阔区还是死胡同、熟路还是生路、行人人多处还是人少处、周围有无可利用的器物、侵害人人数多少与身材装束等,以采用不同策略。其二,通过语言,尽量使侵害者心理及情绪平静下来,避免对自己造成伤害,同时寻找机会逃脱。其三,当无法逃脱时,运用自己平时所练习、掌握的自卫防身术技能反击对手。如果遇到多名侵害者,要边走边打,切记不要背墙而立,避免侵害者人多合围,难以逃脱。对距离自己最近的侵害者要给其快速、准确、有力的打击,"杀一儆百"。如果没有经过专门技术训练,可以使出全身力气,利用随身物品或身边物品攻击侵害者。同时观察周围环境,寻找逃脱机会,力争全身而退。

第三节　自卫防身术运用的谋略与战术

一、自卫防身术运用的谋略

当遭到侵害者侵害时,应灵活应对,切不可盲目硬拼。要理智衡量双方实力,根据具体情况,采取相应对策进行防卫。首先是要在保证自身生命安全的前提下,采取有效防卫措施。如侵害者攻击实力明显强于自身防卫能力,不宜采取对抗搏斗,应思考如何成功逃脱。当侵害者攻击实力弱于自身防卫能力时,可采取交手对抗形式制服侵害者。自卫防身术在对抗中的运用,不单凭高超的技法,还应有智慧,也就是要有谋略,即在对抗中拟定一套适合自己技术特点、能战胜对手的有效战术。

谋略是一种对抗性的思维和策划过程,是对抗双方以隐蔽自己的行动意图为前提,以示形用计、奇正变化、虚实变化等活动为手段,意欲造成对方思维上及心理上的错觉,使对方决策和行动错误。谋略是顺利实现自己目的的高级斗智活动。《孙子兵法》中指出:"谋者,所以远害就利也。"在两军对战中,谋略是巧妙用兵的关键战术。在防卫对抗中,谋略是洞察侵害者的行动和意图,寻找其弱点,制造对自己有利而对其不利的态势,引诱对方犯错,使其陷入被动。或者引诱侵害者先主动进攻,自己进行躲闪、格挡,再快速反击。总之,在防卫对抗中,谋略是应先掌握侵害者的行动意图,随机应变,尽可能破坏或打乱侵害者的企图,最终保全自己。

将有效的谋略运用到对抗中,对胜负具有重要作用。

二、自卫防身术运用的战术

(一)压制强攻型战术

压制强攻型战术是在了解对手实力或在交手刚开始时判断对手的技能、体能、经验等方面不如自己,有把握在短时间内战胜对手的情况下使用的战术。若对手技战术水平不错,而体力不如自己,也可以使用此战术。

压制强攻型战术是在对抗开始后猛烈进攻,连环密集出招击打对方,使其忙于防守,消耗大量体力;使对方处于被动状态,思路混乱,无法进行有效防守和反击。这样我方就能在短时间内掌握主动权或者取得胜利。这种战术不是盲目蛮干,而是有计划、有准备的战术行动。

(二)稳重型战术

稳重型战术是当面对技术、技能比较好,实力比较强的对手时,运用智谋和胆量智取对手。不到一定有利时机,不要急于出手进攻。使用稳重型战术时,要先做好基本姿势,试探、观察对手,找出对手的弱点;不要与对手纠缠,避免被对手击打或抓住。同时避其锋芒,对手在连续进攻几次出招都没能奏效的情况下,可能会锐气受挫,使用技术时犹豫不决,产生急躁情绪,或者盲目进攻,消耗体力。这时就要抓住有利时机,合理运用技术,有目的地进行反击。

(三)绝招型战术

绝招是自己在技术上的独到之处。绝招型战术就是充分发挥自己的技术特长,以确有把握的绝招作为进攻取胜的方法。绝招型战术需要自己主动创造条件,待时机成熟,直接发起进攻。若自己处于被动状态时,则要先进行防守,再寻找或创造机会,时机一旦成熟,立刻使用绝招。身怀绝招,无形中会对对手造成威慑,当对手了解到我方有绝招,精神就会处于紧张状态,而出招过于小心,生怕给我方造成使用绝招的机会。这时,我方使用其他技术动作往往都会奏效。这就是绝招的威慑发挥了作用。

(四)顺势型战术

顺势型战术就是借助对手的进攻动作,通过步法和身法的移动,采用敌进我退、敌退我追、以柔克刚、直来斜取的策略攻击对手的战术。这种战术适合于技术高超且胆大的人,若运用得当,则具有较强攻击力;反之,则被对手利用。运用此战术时,需要把握移动的方向、角度、距离、身法与步法的灵活性和进攻时机。例如,对手抓住我方把位时用力扣紧,试图用下肢绊摔时,我方不要用力硬顶,而是在被套住时将自己的身体松弛下来,对手失去了用力点,无法完成后续动作,自然会精神紧张和慌乱。这时我方使用顺着对手用力方向的反击动作,定能奏效。

(五)突袭型战术

突袭型战术就是在对手毫无防备的情况下进行攻击。防卫时,要注意观察侵害者的习惯、行为举止和防备意识等,观察身处的环境及有无可利用的器物,思谋攻击计划,寻找时机,一旦时机成熟,毫不犹豫,发起进攻。使用这种战术,一定要观察仔细,判断准确,并具备一定的攻击能力。平时要加强体育锻炼,提高防身自卫技战术能力。

三、战术行动要点

(一)受到徒手攻击时的战术要点

防身自卫时,一定要根据自身的身体状况、技术状况、心理状况势等,规避短处,发挥长处,进行防身自卫。例如,若自身身高力大,就要发挥"一力降十会";若自身身材矮小、力量小,就要合理运用速度、灵活性和谋略,以"四两拨千斤"智取;若面对身材高胖、力量大、攻击力强的对手,不能与其硬拼,可以利用这类对手灵活性差、速度慢的短板,使用抓、摔、搂、抱的技法;而面对身材矮瘦、速度快、灵活性好的对手,可以利用这类对手力量小、攻击力弱、攻击目标小的短板,采用击打、抄东西方式攻击。

(二)受到持械攻击时的战术要点

凶器的种类很多,有些凶器的握法、攻击路线与方法、攻击部位大致相同。对付持凶器的歹徒,必须了解凶器的种类、特点和攻击方法,才能对症下药,采取有效的方法抢夺。

1. 匕首类

匕首、改锥、三棱刮刀等属于匕首类。这类凶器较短,属于短器械,携带方便,运用灵活,可正手持握或反手持握,使用的主要方法是刺,主要攻击部位有喉部、胸腹部。使用此类器械容易刺中人体的要害部位。除枪支类外,此类凶器与其他凶器相比,刺中后致死率高。因此,当遇到手持匕首的歹徒时,首先要与歹徒保持一定的距离,不要轻易进身缠抱,要迅速观察匕首握持方法、类别、运动轨迹,然后采取相应方法应对。

2. 菜刀类

菜刀、斧头、镰刀、扳子等属于菜刀类。这类凶器携带方便,使用的主要方法是由上向下的劈、由上斜向下的砍,主要攻击部位有头部、颈部、肩部和手臂部。菜刀无尖,只有一面有刃,砍中后,致死率低于匕首。因此,当遇到手持菜刀、斧头的歹徒时,首先要避开其锋芒,然后在其未发力或发力后,用自己的单手或双手控制住对方手臂或腕部,接着抓住刀背进行抢夺。

3. 棍棒类

木棍、铁棍、铁锹、镐头等属于棍棒类。这类器械较长,携带不方便,常见的使用方法有由上向下的劈、直线向前的戳和横向运动的扫。其攻击范围大,距离长,远距离攻击目标效果最佳。劈主要攻击部位有头部、手部、肩部、两肋部,戳主要攻击部位是胸腹部,扫主要攻击部位是下肢、身体两侧。棍棒类器械长且重,移动速度慢且灵活性相对较差。因此,当遇到手持棍棒的歹徒时，被侵害方有相对长一点的时间去观察、思考反击的时机和方法，以能在其未攻击之前或攻击之后，准确地进身抢夺棍棒的后端。

4.枪支类

体育比赛用枪、自制猎枪和火枪、军用枪支等属于枪支类。枪支射击后，子弹有一定的弹道高，目标越高，危险越大，目标越低，危险越小，即被击中的机会就越小。因此，当遇到手持枪支的歹徒时，如果歹徒在近距离内完成出枪动作后，尽量不要空手夺枪。如果距离较远，首先应迅速寻找隐蔽物。在没有隐蔽物的情况下，应立刻卧倒，最大限度地降低危险性。在抢夺枪支时，首先要控制住歹徒双手，然后选择最简单的技术方法夺枪，因为使用的技术动作越复杂，受伤的概率就越大。如向外上步闪身，拉开距离，避其锋芒，尽量不要直接进身缠抱搏斗。

(三)受到多人攻击时的战术要点

1.选择第一攻击对象

在防身自卫时，第一攻击对象的选择至关重要，有时直接关系最终的成败。要在最短的时间内观察、判断、选择第一攻击对象，同时，要灵活移动，寻找战机。

(1)首先选择手持凶器的歹徒，因为凶器对人的杀伤力最大。

(2)选择为首的歹徒。"三十六计"第十八计中讲到"擒贼先擒王"，首领是歹徒中的核心人物，制服首领，就等于削弱其团伙主要力量，易于下一步瓦解其整体力量。

(3)在同等情况下，首先选择最容易被攻击的对象。

在防身自卫时，要善于运用技击中的跑、窜、钻、绕和闪转腾挪等技术动作，创造攻击的有利条件，变被动为主动，分化歹徒优势。与歹徒拉开距离时，形成单一照面，针对歹徒要害部位，突然进攻，力争用最短的时间结束战斗。

2.分散歹徒，各个击破

当自身被歹徒围困之时，首先要想尽办法突出歹徒的包围，可以采用先跑把歹徒分散开，再突然反击的方法。

3.注重踢打，避免缠抱

面对多名歹徒时，尽可能不要与歹徒缠抱在一起，否则会被歹徒们围困，陷于被动。一旦被缠抱住，要竭尽全力快打快摔，脱离缠抱。在防身自卫时，要注重使用踢打技法进行攻击。

4.抢占有利地形，确保背后安全

一般高处和平坦狭长地带都是有利地形，如果背对墙时，一般要距离墙 $1\sim1.5$ m。选择有利于自己的地形，对对抗歹徒起着重要作用，可以进退自如，利于发挥优势。

第二章 站立防卫技法

第一节 立站姿势

一、立站姿势的"正架"与"反架"

防卫姿势分为正架(左手、左脚在前)和反架(右手、右脚在前)两种(见图2-1和图2-2)。练习者可以选择适合自己的一种实战姿势作为最开始学习散打的固定姿势。本书除特别说明以外,相关内容都以正架为例。

图 2-1　　　　　图 2-2

二、立站姿势的步形

两脚开立与肩同宽,平行上左步,前后脚的距离略大于肩宽;前脚掌稍内扣,后脚跟抬起,脚掌撑地;两腿的膝关节微屈,身体重心在两腿之间(见图2-3和图2-4)。

图 2-3　　　　　图 2-4

三、立站姿势的躯干

身体侧立，含胸收腹（见图2-5）。

图 2-5

四、立站姿势的手臂和头部

(1) 两手握拳。要求四指内屈并拢，大拇指横卧于食指和中指的第二节指节上，拳眼朝上（见图2-6）。

(2) 前臂的肘关节夹角在90°～110°之间，拳在视线下方，肘下垂。后臂弯曲，拳在颌下，肘关节夹角小于90°。前、后臂贴近胸肋部（见图2-7）。

图 2-6　　　　图 2-7

(3) 头稍下低，下颌微收；目平视，与前拳上方在一条水平线上；前肩提耸，合齿闭嘴（见图2-8和图2-9）。

图 2-8　　　　图 2-9

第二节　立站手形与步法

一、立站手形

(一)拳

1. 平拳

两手握拳,四指内屈并拢,大拇指横卧于食指和中指的第二节指节上,拳心向下(见图2-10)。

要点:拳握紧,拳面要平。

2. 立拳

两手握拳,四指内屈并拢,大拇指横卧于食指和中指的第二节指节上,拳眼向上(见图2-11)。

要点:五指紧握扣,拳眼垂直向上。

3. 鸡心拳

两手握拳,四指内屈,中指突出成尖,拇指压在中指第一指节上(见图2-12)。

图 2-10　　　　　图 2-11　　　　　图 2-12

要点:拇指用力压紧中指第一指节,力达中指突出的尖处。

(二)掌

1. 立掌

四指并拢伸直,拇指弯曲紧扣于虎口处,踏腕立掌(见图2-13)。

要点:四指绷直,手腕要踏腕,主要用于推击对方。

2. 八字掌

拇指与食指成八字形,五指自然伸直,掌心内凹(见图2-14)。

图 2-13　　　　　　　图 2-14

要点:掌心向内凹,虎口张开,主要用于抓握、切、砍对方。

3. 横掌

四指并拢伸直,拇指弯曲紧扣于虎口处,手腕内收(见图 2-15)。

要点:四指绷直,手腕要向内收,主要用于插、戳对方的要害部位。

4. 插掌

四指并拢伸直,拇指弯曲紧扣于虎口处,手腕挺直(见图 2-16)。

图 2-15 　　　　　图 2-16

要点:四指绷直,手腕要挺直,主要用于插、压、卡等。

(三) 爪

1. 虎扑爪

五指用力张开,第二、第三指骨弯曲,第一指骨最大限度地向手背面伸张,掌心凸出(见图 2-17)。

要点:手指发力,力达指尖,主要用于击、啄等。

2. 麒麟爪

四指曲拢,第二、第三指骨弯曲紧扣,拇指弯曲内扣(见图 2-18)。

要点:第二、第三指骨紧扣,指关节要发力,使手指更有力。

(四) 勾手

五指聚拢捏成撮,拇指、食指和中指第一指节撮拢,无名指和小指弯曲内扣,屈腕成勾(见图 2-19)。

图 2-17 　　　　图 2-18 　　　　图 2-19

要点:手掌和手腕都要有力,主要用于抓、拿对方的小臂、手腕。

二、立站步法

(一) 进步

后脚蹬地,前脚向前迈半步,然后后脚跟进半步(见图 2-20 和图 2-21)。

图 2-20　　　　　　图 2-21

（二）退步

前脚蹬地，后脚后退半步，然后前脚退回半步（见图 2-22 和图 2-23）。

图 2-22　　　　　　图 2-23

（三）上步

后脚向前迈一步。右脚在前，左脚在后，成反架（见图 2-24 和图 2-25）。

图 2-24　　　　　　图 2-25

（四）撤步

前脚向后退一步。右脚在前，左脚在后，成反架（见图 2-26 和图 2-27）。

图 2-26　　　　　图 2-27

（五）滑步

前腿屈膝提起，同时右脚跟内扣脚掌向前擦地滑动（见图 2-28 和图 2-29）。

图 2-28　　　　　图 2-29

（六）垫步

后脚跟向前脚跟内侧并拢，同时前腿提起（见图 2-30 和图 2-31）。

图 2-30　　　　　图 2-31

（七）环绕步

1.左环绕步

右脚蹬地，左脚先向前上步，以此连续环绕滑动（见图 2-32 和图 2-33）。

图 2-32   图 2-33

2. 右环绕步

右脚上步,左脚跟进,以此连续环绕滑动(见图2-34和图2-35)。

图 2-34   图 2-35

(八)跨步

1. 左跨步

左脚向左侧跨半步,右脚略向左脚靠近(见图2-36和图2-37)。

图 2-36   图 2-37

2. 右跨步

左脚向右侧上半步与左腿平行，右脚后撤半步（见图2-38和图2-39）。

图 2-38

图 2-39

第三节 立站防守技法

一、立站格挡防守

（一）上架

防守侵害方用拳或棍棒对头部向下劈的攻击（见图2-40和图2-41）。

图 2-40

图 2-41

1. 左上架

当侵害方使用右劈拳或棍棒攻击头部时，己方左臂内旋由下向上横护于头上方（见图2-42和图2-43）。

图 2-42　　　　　　　　图 2-43

要点:反应迅速,动作敏捷,同时,要有防守后反击的意识。

2.右上架

当侵害方使用左劈拳或棍棒攻击头部时,己方右臂内旋由下向上横护于头上方(见图2-44和图2-45)。

图 2-44　　　　　　　　图 2-45

要点:反应迅速,动作敏捷,同时,要有防守后反击的意识。

(二)挂挡

防守侵害方横向拳法、腿法或棍棒对上盘的攻击。

1.左挂挡

当侵害方使用后掼拳、后横踢腿或棍棒攻击头部左侧时,己方左臂屈臂上提护于左耳郭处,肘尖向前,同时,上体微左转(见图2-46和图2-47)。

图 2-46　　　　　　　　图 2-47

要点：侧身、含胸，挂挡臂靠近头侧。

2.右挂挡

当侵害方使用前掼拳、前横踢腿或棍棒攻击头部右侧时，己方右臂屈臂上提护于右耳郭处，肘尖向前，同时上体微右转（见图2－48和图2－49）。

图　2－48

图　2－49

要点：侧身、含胸，挂挡臂靠近头侧。

（三）拍挡

防守侵害方直线拳法、腿法或棍棒对上盘的攻击。

当侵害方使用后冲拳、后正蹬腿、后踹腿或棍棒攻击胸上部左侧时，己方左手以拳心或掌心为力点由外向内横击，同时上体微右转，用左拍挡防守。如当侵害方使用前冲拳、前正蹬腿、前踹腿，或棍棒攻击胸上部右侧时，采用右拍挡防守（见图2－50和图2－51）。

图　2－50

图　2－51

要点：拍挡幅度不宜大，只动前臂，发力短促。

（四）拍压

防守侵害方正面的拳法、腿法或棍棒对中盘的攻击。

1.左拍压

当侵害方使用后冲拳、后正蹬腿、后踹腿或棍棒攻击腹部左侧时，左手变掌以掌心或掌跟为力点由上向下在腹前拍击，同时上体微右转（见图2－52和图2－53）。

图 2-52　　　　　图 2-53

要点：发力时掌跟和手腕要保持紧张。

2. 右拍压

当侵害方使用前冲拳、前正蹬腿、前踹腿或棍棒攻击腹部右侧时，右手变掌以掌心或掌跟为力点由上向下在腹前拍击，同时上体微左转（见图 2-54 和图 2-55）。

图 2-54　　　　　图 2-55

要点：发力时，掌跟和手腕要保持紧张。

（五）内抄

防守侵害方腿法对中、上盘的攻击。

当侵害方使用前横踢腿攻击腹部时，己方上体微右转，同时，左手臂微屈外旋并由上向外、向内划弧；右手屈臂立掌于胸前，掌心向外，与左手动作同时启动和结束，采用左内抄防守（见图 2-56 和图 2-57）。如侵害方使用后横踢腿攻击腹部时，采用右内抄防守。

图 2-56　　　　　图 2-57

要点：抱腿时，两手要相合锁扣。

（六）外抄

防守侵害方横向腿法对中、上盘的攻击。

当侵害方使用后横踢腿或转身前外摆腿攻击胸上部时，己方上体微左转，同时左手臂屈臂外旋并由上向下、向外划弧；右手屈臂立掌于胸前，掌心向外，与左手动作同时启动和结束，采用左外抄防守（见图2-58和图2-59）。如当侵害方使用前横踢腿或转身后外摆腿攻击胸上部时，采用右外抄防守。

图 2-58　　　　　　　图 2-59

要点：抱腿时，两手要相合锁扣。

（七）掩肘

防守侵害方由下向上的拳法或腿法对下、中盘的攻击。

当侵害方使用后抄拳或后横踢腿攻击腹部时，左臂回收并外旋，上臂贴近左肋，同时上体微右转，收腹、含胸，用左掩肘防守。如侵害方使用前抄拳或前横踢腿进攻腹部时，采用右掩肘防守（见图2-60）。

要点：含胸，上体缩紧，两手护胸腹。

图 2-60

（八）内挂

防守侵害方腿法或棍棒对中盘的攻击。

当侵害方使用后正蹬腿、后踹腿或棍棒攻击腹部时，上体微右转，同时，左手由上向下、向内挂防，用左内挂防守（见图2-61和图2-62）。如侵害方使用前正蹬腿、前踹腿或棍棒攻击腹部时，采用右内挂防守。

图 2-61　　　　　　　图 2-62

要点：内挂臂尽可能内旋，内挂幅度不宜大。

（九）外挂

防守侵害方蹬腿、踹腿、横踢腿或棍棒对中盘的攻击。

当侵害方使用后正蹬腿、后踹腿、后横踢腿或棍棒攻击腹部时，上体微右转，同时左手由上向下、向外挂防，用左外挂防守。如当侵害方使用前正蹬腿、前踹腿、前横踢腿或棍棒攻击腹部时，采用右外挂防守（见图2-63）。

图 2-63

要点：外挂臂肘关节微屈，不宜伸直。

（十）下截

防守侵害方腿法或棍棒对中盘的攻击。

1. 左下截

当侵害方使用腿法、棍棒攻击左侧腿部或躯干时，己方上体微右转，同时左臂内旋由上向下护于体侧（见图2-64和图2-65）。

图 2-64　　　　　　　　　图 2-65

要点：动作迅速，幅度要小。

2. 右下截

当侵害方使用腿法、棍棒攻击右侧腿部或躯干时，己方上体微左转，同时右臂内旋由上向下护于体侧（见图2-66和图2-67）。

图 2-66　　　　　　　　　图 2-67

要点：动作迅速，幅度要小。

二、立站抓握防守

（一）正抓握

1. 左正抓握

当侵害方右冲拳攻击面部时，己方身体微向右转，同时左手抓握对方手腕并向上抬（见图 2-68～图 2-70）。

图 2-68　　　　　　　图 2-69

图 2-70

要点：反应灵敏，迅速抓握，抓握的同时头部可适当后仰。

2. 右正抓握

当侵害方左冲拳攻击面部时，己方身体微向左转，同时右手抓握对方手腕并向上抬（见图 2-71～图 2-73）。

图 2-71　　　　　　　图 2-72

图 2-73

要点：反应灵敏，迅速抓握，抓握的同时头部可适当后仰。

（二）顺抓握

1. 左顺抓握

当侵害方右冲拳攻击面部时，己方左跨步躲闪，左手顺势抓握对方手腕（见图 2-74 和图 2-75）。

图 2-74　　　　　图 2-75

要点：躲闪迅速，躲闪的同时抓握手腕。

2. 右顺抓握

当侵害方左冲拳攻击面部时，己方右跨步躲闪，右手顺势抓握对方手腕（见图 2-76 和图 2-77）。

图 2-76　　　　　图 2-77

要点：迅速躲闪，躲闪的同时抓握手腕。

（三）反抓握

1. 左反抓握

当侵害方右摆拳攻击头部时，己方身体微左转，同时左臂内旋翻腕抓握对方手腕（见图2-78和图2-79）。

图 2-78　　　　　　　　图 2-79

要点：身体左转幅度不宜大，步法可随抓握移动调整。

2. 右反抓握

当侵害方左摆拳攻击头部时，己方身体微右转，同时，右臂内旋翻腕抓握对方手腕（见图2-80和图2-81）。

图 2-80　　　　　　　　图 2-81

要点：身体右转幅度不宜大，步法可随抓握移动调整。

（四）上抓握

1. 左上抓握

当侵害方右劈拳攻击头部时，己方左手向斜上方抓握对方手腕（见图2-82和图2-83）。

图 2-82　　　　　　　图 2-83

要点：反应要快，在对方劈拳还未奏效之时，成功抓握。

2. 右上抓握

当侵害方左劈拳攻击头部时，已方右手向斜上方抓握对方手腕（见图 2-84～图 2-86）。

图 2-84　　　　　　　图 2-85

图 2-86

要点：反应要快，在对方劈拳还未奏效时，成功抓握。

三、立站躲闪防守

（一）下潜

当侵害方摆拳、棍棒攻击胸部以上部位时，已方屈膝，重心下降躲闪（见图 2-87 和图 2-88）。

图 2-87　　　　　　　　图 2-88

要点：重心降至对方拳或棍棒以下位置，目视对方。

(二) 下潜摇身

1. 左下潜摇身

当侵害方后摆拳、横向棍棒攻击胸部以上部位时，己方两腿屈膝，沉胯，重心下降，同时上体由上向内、向下、向左外侧躲闪（见图2-89和图2-90）。

图 2-89　　　　　　　　图 2-90

要点：降重心，缩颈部，目视对手。

2. 右下潜摇身

当侵害方前摆拳、横向棍棒攻击胸部以上部位时，己方两腿屈膝，沉胯，重心下降，同时上体由上向内、向下、向右外侧躲闪（见图2-91和图2-92）。

图 2-91　　　　　　　　图 2-92

要点：降重心，缩颈部，目视对手。

(三) 收身

当侵害方侧踹腿、棍棒攻击躯干部位时,己方收腹后跳躲闪(见图 2-93 和图 2-94)。

图 2-93

图 2-94

要点:躲闪距离要适当,保证躲闪后能有效地实施反击。

(四) 收步

当侵害方侧踹腿、棍棒攻击小腿部位时,左脚回收躲闪(见图 2-95 和图 2-96)。

图 2-95

图 2-96

要点:收步距离要适当,重心微前倾,保证躲闪后能有效地实施反击。

四、倒地防护

(一) 前倒

并步直立,上体前倒;同时屏气,两臂摆伸;然后顺势双手撑地,屈臂缓冲(见图 2-97～图 2-99)。

图 2-97

图 2-98

图 2-99

(二)后倒

两脚分开站立,屈膝下蹲;然后屏气,上体后倒,收下颌,在肩背触地的同时,两手在体侧拍地(见图2-100和图2-101)。

图 2-100　　　　　图 2-101

(三)左后倒

两脚分开站立,左脚向右前伸,右膝弯曲;然后屏气,上体向左后倒,小腿、大腿、左臀依次触地,左手在体侧拍地(见图2-102和图2-103)。

图 2-102　　　　　图 2-103

(四)右后倒

两脚分开站立,右脚向左前伸,左膝弯曲;然后屏气,上体向右后倒,小腿、大腿、右臀依次触地,右手在体侧拍地(见图2-104和图2-105)。

图 2-104　　　　　图 2-105

(五)前扑

两脚分开站立,上体前倾;两脚蹬地,双臂向前摆伸,身体腾空;然后两手、两臂及两脚内侧着地(见图2-106和图2-107)。

图 2-106　　　　　　　　　图 2-107

(六)前滚翻

由站立姿势开始,身体下蹲,双手撑地,重心移至两手上;两脚用力蹬地,同时低头屈臂,团身向前滚动,随之双手抱小腿成蹲立姿势;然后站立(见2-108～图2-110)。

图 2-108　　　　图 2-109　　　　图 2-110

(七)后滚翻

由站立姿势开始,身体下蹲,两臂由上向后摆动,同时身体快速向后倒至双手撑地;团身经臀、腰、肩、后脑依次向后滚动;然后双脚触地,双手推撑站立(见图2-111～图2-113)。

图 2-111　　　　图 2-112　　　　图 2-113

第四节　立站反击方法

一、立站拳法

（一）冲拳

1. 左冲拳

由防卫姿势开始，左脚蹬地，上体微向右转，发力于腰；同时左臂由屈到伸内旋 90°直线向前击打目标，力达拳面；然后外旋 90°收回原位（见图 2-114～图 2-116）。

图　2-114　　　　　图　2-115　　　　　图　2-116

2. 右冲拳

由防卫姿势开始，左脚蹬地，上体微向左转，发力于腰；同时右臂由屈到伸内旋 90°直线向前击打目标，力达拳面；然后外旋 90°收回原位（见图 2-117～图 2-119）。

图　2-117　　　　　图　2-118　　　　　图　2-119

（二）掼拳

1. 左掼拳

由防卫姿势开始，上体微向左转，左臂微屈，转腰发力；同时左拳向外、向前、向内半圆形横击目标，力达拳面，拳心朝下；然后左拳收回原位（见图 2-120～图 2-122）。

图 2-120　　　　　　图 2-121　　　　　　图 2-122

2. 右掼拳

由防卫姿势开始,右拳向外、向前、向内半圆形横击目标,同时上体左转,腰、髋发力,力达拳面,拳心朝下;然后右拳收回原位(见图 2-123～图 2-125)。

图 2-123　　　　　　图 2-124　　　　　　图 2-125

(三)抄拳

1. 左平抄

由防卫姿势开始,上体微左转,发力于腰;同时左拳向外、向前、向内平面弧形勾击目标,左肘抬起与肩同高,肘关节夹角为90°;然后左拳收回原位(见图 2-126～图 2-128)。

图 2-126　　　　　　图 2-127　　　　　　图 2-128

2. 右平抄

由防卫姿势开始,右拳向外、向前、向内平面弧形勾击目标,发力于腰;同时右肘抬起与肩同高,肘关节夹角为 90°;然后右拳收回原位(见图 2-129～图 2-131)。

图 2-129　　　　　图 2-130　　　　　图 2-131

3. 左上抄

由防卫姿势开始,上体微左转,左拳略向下,左臂弯曲;随之腰向右转,发力于腰;同时左拳由下向上勾击目标;然后左拳收回原位(见图 2-132～图 2-134)。

图 2-132　　　　　图 2-133　　　　　图 2-134

4. 右上抄

由防卫姿势开始,右拳略向下,右臂弯曲;随之腰向左转,发力于腰;同时右拳由下向上勾击目标;然后右拳收回原位(见图 2-135～图 2-137)。

图 2-135　　　　　图 2-136　　　　　图 2-137

5. 左斜抄

由防卫姿势开始,上体微左转,左拳略向下,左臂弯曲;随之腰向右转,发力于腰;同时左拳由下向斜上勾击目标;然后左拳收回原位(见图2-138～图2-140)。

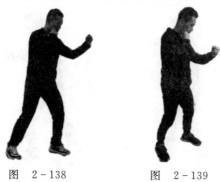

图 2-138　　　　　图 2-139　　　　　图 2-140

6. 右斜抄

由防卫姿势开始,右拳略向下,右臂弯曲;随之腰向左转,发力于腰;同时右拳由下向斜上勾击目标;然后右拳收回原位(见图2-141～图2-143)。

图 2-141　　　　　图 2-142　　　　　图 2-143

(四)鞭拳

1. 左鞭拳

由防卫姿势开始,上体右转,左臂弯曲,发力于腰;同时左拳由右后向外、向前横向鞭打目标,力达拳轮,拳眼朝上;然后收回原位(见图2-144～图2-146)。

图 2-144　　　　　图 2-145　　　　　图 2-146

2.右鞭拳

由防卫姿势开始,右脚经左脚向后插步,身体向右后转180°,同时右臂由屈到伸,向外、向前横向鞭打目标,力达拳轮,拳眼朝上,发力于腰;然后向右转身上左步,右拳收回原位(见图2-147~图2-149)。

图 2-147

图 2-148

图 2-149

二、立站掌法

(一)推掌

1.左推掌

左臂由屈到伸向前立掌推出,掌心朝前,力达掌根或外沿(见图2-150)。

要点:腰、髋合一,踏腕顺肩。

2.右推掌

右臂由屈到伸向前立掌推出,掌心朝前,力达掌根或外沿(见图2-151)。

图 2-150

图 2-151

要点:转腰发力,推击迅猛。

(二)挑掌

1.左挑掌

左臂由下向上翘腕立掌上挑,力达四指(见图2-152和图2-153)。

图 2-152　　　　　　　　图 2-153

要点:把握挑击力度和时机。

2.右挑掌

右臂由下向上翘腕立掌上挑,力达四指(见图2-154和图2-155)。

图 2-154　　　　　　　　图 2-155

要点:把握挑击力度和时机。

(三)砍掌

1.左砍掌

身体微左转,左臂斜上抬起,拳变掌,仰掌向下、向内斜击,力达掌外沿(见图2-156)。

要点:腰、髋合一,转腰发力要一致。

2.右砍掌

身体微右转,右臂斜上抬起,拳变掌,仰掌向下、向内斜击,力达掌外沿(见图2-157)。

图 2-156　　　　　　　　图 2-157

要点:腰、髋合一,转腰与发力要一致。

(四)锁掌

1.左锁掌

左臂由屈到伸,同时掌变八字掌,掌心向下,虎口朝前,力达虎口(见图2-158)。

要点:虎口与击打部位紧扣,出手速度要快。

2.右锁掌

右臂由屈到伸,同时掌变八字掌,掌心向下,虎口朝前,力达虎口(见图2-159)。

图 2-158　　　　　图 2-159

要点:虎口与击打部位紧扣,出手速度要快。

(五)掸手

1.左掸手

左臂由屈到伸,拳变掌,手指自然伸直,手背朝前,力达掌指(见图2-160)。

要点:掌指不要紧绷,掌指抖动快打。

2.右掸手

右臂由屈到伸,拳变掌,手指自然伸直,手背朝前,力达掌指(见图2-161)。

图 2-160　　　　　图 2-161

要点:掌指不要紧绷,掌指抖动快打。

三、立站腿法

(一)蹬腿

1.左蹬腿

由防卫姿势开始,右腿直立或微屈支撑,左腿提膝抬起,勾脚;当膝略高于髋时,以脚跟领先向前蹬出,力达脚跟,也可送髋,脚掌下压,力达脚前掌;然后左脚收回原位(见图2-162～图2-164)。

图 2-162　　　　图 2-163　　　　图 2-164

2. 右蹬腿

由防卫姿势开始,身体稍左转,左脚跟稍内扣,身体重心前移到左腿,左腿直立或微屈支撑;同时右腿屈膝抬起,勾脚,以脚跟领先向前蹬出,力达脚跟,也可送髋,脚掌下压,力达脚前掌;然后右脚收回原位(见图 2-165～图 2-167)。

图 2-165　　　　图 2-166　　　　图 2-167

(二)踹腿

1. 左踹腿

由防卫姿势开始,身体重心移向右腿,右脚跟内扣,右腿直立或微屈支撑;同时左腿屈膝抬起与髋同高,小腿外摆,脚尖勾起,由屈到伸展髋向侧前踹出,力达脚掌;然后左脚收回原位(见图 2-168～图 2-170)。

图 2-168　　　　图 2-169　　　　图 2-170

2. 右踹腿

由防卫姿势开始,身体左转,左脚跟内扣,重心移向左腿,左腿直立或微屈支撑;同时右腿屈膝抬起与髋同高,脚尖勾起,由屈到伸屈髋向前踹出,力达脚掌;然后右脚落地成反架(见图2-171~图2-173)。

图 2-171　　　　　图 2-172　　　　　图 2-173

(三)横踢腿

1. 左横踢腿

由防卫姿势开始,上体稍右转并侧倾,右脚跟内扣;左膝前领与髋同高,大腿带动小腿,由屈到伸展髋向前横踢,力达脚背;然后左脚收回原位(见图2-174~图2-176)。

图 2-174　　　　　图 2-175

图 2-176

2.右横踢腿

由防卫姿势开始,身体左转,左脚跟内扣,重心移向左腿;右膝前领与髋同高,大腿带动小腿,由屈到伸展髋向前横踢,力达脚背;然后右脚落地成反架(见图2-177~图2-180)。

图　2-177　　　　　　　　图　2-178

图　2-179　　　　　　　　图　2-180

(四)踩腿

1.左踩腿

由防卫姿势反架开始,身体重心前移,左腿抬起由屈到伸向前蹬出,脚略外展,力达脚跟,高不过膝;然后左脚落地成正架(见图2-181~图2-183)。

图　2-181　　　图　2-182　　　图　2-183

2.右踩腿

由防卫姿势正架开始,身体重心前移,右腿抬起,由屈到伸向前蹬出,脚略外展,力达脚跟,高不过膝;然后右脚落地成反架(见图2-184～图2-186)。

图 2-184

图 2-185

图 2-186

(五)勾踢腿

1.左勾踢腿

由防卫姿势反架开始,右腿脚跟内扣,膝外展,重心移向右腿,身体右转180°;同时左大腿带动小腿向前、向右弧线擦地勾踢,力达脚背;然后左脚落地成正架(见图2-187～图2-190)。

图 2-187

图 2-188

图 2-189

图 2-190

2. 右勾踢腿

由防卫姿势开始,左腿脚跟内扣,膝外展,重心移向左腿,身体左转180°;同时右大腿带动小腿向前、向左弧线擦地勾踢,力达脚背;然后右脚落地成反架(见图2-191~图2-194)。

图 2-191　　　　　图 2-192

图 2-193　　　　　图 2-194

(六)侧弹腿

1. 左侧弹腿

由防卫姿势开始,右脚跟内扣,重心移向右腿,右腿直立或微屈支撑;左大腿带动小腿由屈到伸向前鞭打,力达脚背,高不过膝;然后左脚收回原位(见图2-195~图2-197)。

图 2-195　　　　图 2-196　　　　图 2-197

2. 右侧弹腿

由防卫姿势反架开始,左脚跟内扣,重心移向左腿,左腿直立或微屈支撑;右大腿带动小腿由屈到伸向前鞭打,力达脚背,高不过膝;然后右脚收回原位(见图2-198~图2-200)。

图 2-198　　　　图 2-199　　　　图 2-200

(七)劈腿

1. 左劈腿

由防卫姿势开始,身体重心移向右腿,左腿屈膝抬起送髋,上体保持正直或稍后倾,左脚举过头后快速下压,用脚掌或脚后跟下砸对方头部;然后左脚收回原位(见图2-201~图2-203)。

图 2-201　　　　图 2-202　　　　图 2-203

2. 右劈腿

由防卫姿势开始,身体重心移向左腿,右腿屈膝抬起送髋,右脚举过头后快速下压,用脚掌或脚后跟下砸对方头部;然后右脚落地成反架(见图2-204~图2-206)。

图 2-204　　　　图 2-205　　　　图 2-206

四、立站肘法

在完成动作后成防卫姿势。

（一）砸肘

1. 左砸肘

由防卫姿势开始,身体微右转,同时上体左侧微上提,左肘上抬,拳心朝左耳,随后用左肘向下砸击,力达肘尖上端(见图2-207~图2-209)。

图 2-207　　　　图 2-208　　　　图 2-209

要点:下砸沉气发力,提肘要快,砸肘要狠。

2. 右砸肘

由防卫姿势开始,身体微左转,同时上体右上仰,右肘上抬,拳心朝右耳,随后用右肘向下砸击,力达肘尖上端(见图2-210~图2-212)。

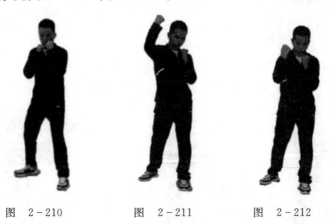

图 2-210　　　　图 2-211　　　　图 2-212

要点:下砸沉气发力,提肘要快,砸肘要狠。

(二)顶肘

1. 左顶肘

由防卫姿势开始,身体微向右转,左手置于右胸外侧,同时左小臂内旋平臂屈肘,拳心向下,肘尖向前,随后肘尖向前方撞击,身体顺势微左转,力达肘尖(见图2-213～图2-215)。

图 2-213　　　　　图 2-214　　　　　图 2-215

要点:蹬地、转腰、顶肘要协调一致,发力短促、有力。

2. 右顶肘

由防卫姿势开始,右脚上步,右手置于左胸外侧,同时右小臂内旋平臂屈肘,拳心向下,肘尖向前,随后重心前移,肘尖向前方撞击,身体顺势微右转,力达肘尖(见图2-216～图2-218)。

图 2-216　　　　　图 2-217　　　　　图 2-218

要点:蹬地、转腰、顶肘要协调一致,发力短促、有力。

(三)挑肘

1. 左挑肘

由防卫姿势开始,身体微下潜,随后蹬地、挺髋、抬上体,同时左大小臂相叠、夹紧,肘尖由下向前上方挑击,左拳心朝左耳,力达肘尖下端(见图2-219和图2-220)。

图 2-219　　　　　图 2-220

要点：蹬地、挺髋、挑肘要协调一致，击打短促、有力。

2. 右挑肘

由防卫姿势开始，身体左转，随后蹬地、挺髋、抬上体，同时右大小臂相叠、夹紧，肘尖由下向前上方挑击，右拳心朝右耳，力达肘尖下端（见图2-221和图2-222）。

图 2-221　　　　　图 2-222

要点：左转、蹬地、挺髋、挑肘要协调一致，肘借腰力发劲。

（四）横击肘

1. 左横击肘

由防卫姿势开始，身体微左转，随后身体向右转髋转体，左膝内扣，重心前移，同时左臂内旋平屈，左肘弯曲约30°，挥肘向右摆击，拳心朝下，力达肘尖下端（见图2-223和图2-224）。

图 2-223　　　　　图 2-224

要点：屈肘要快，挥肘迅猛，左转、右转与挥肘要连贯。

2.右横击肘

由防卫姿势开始，身体左转，右膝内扣，重心前移，同时右臂内旋上抬平屈，右肘弯曲约30°，挥肘向左摆击，拳心朝下，力达肘尖下端（见图2-225和图2-226）。

图 2-225　　　　　图 2-226

要点：屈肘要快，挥肘迅猛，力发于腰，达于肘。

五、立站膝法

（一）撞膝

1.左撞膝

由防卫姿势开始，身体微左转，左髋外展，随后重心移至右腿，左腿屈膝内旋，由外向里横击目标，膝高过腰，小腿外翻，力达膝尖内侧（见图2-227和图2-228）。

图 2-227　　　　　图 2-228

要点：左转、展髋与膝内旋要连贯，发力于腰，达于膝。

2.右撞膝

由防卫姿势开始，右髋外展，随后重心移至左腿，右腿屈膝内旋，由外向里横击目标，膝高过腰，小腿外翻，力达膝尖内侧（见图2-229和图2-230）。

图 2-229　　　　　图 2-230

要点：展髋与膝内旋要连贯，外旋蓄力，发力于腰，达于膝。

(二)顶膝

1. 左顶膝

由防卫姿势开始，身体重心移至右腿，同时，右脚蹬地，左腿屈膝上抬，高于腰，左脚尖自然向下，膝猛力向上顶击，力达膝尖(见图2-231和图2-232)。

图 2-231　　　　　图 2-232

要点：抬腿迅速，支撑腿要稳。

2. 右顶膝

由防卫姿势开始，身体重心移至左腿，同时，左脚蹬地，右腿屈膝上抬，高于腰，右脚尖自然向下，膝猛力向上顶击，力达膝尖(见图2-233和图2-234)。

图 2-233　　　　　图 2-234

要点：抬腿迅速，支撑腿要稳。

(三)冲膝

1. 左冲膝

由防卫姿势开始，身体重心移至右腿，左腿屈膝上抬，大腿尽量贴近胸部，大小腿叠紧，以送髋、大腿向前下冲压的力量直线冲撞目标，力达膝关节前部（见图2-235和图2-236）。

图 2-235　　　　　　图 2-236

要点：转移重心与屈膝上抬要快速、连贯，冲撞要狠，支撑腿要稳。

2. 右冲膝

由防卫姿势开始，身体重心移至左腿，右腿屈膝上抬，大腿尽量贴近胸部，大小腿叠紧，以送髋、大腿向前下冲压的力量直线冲撞目标，力达膝关节前部（见图2-237和图2-238）。

图 2-237　　　　　　图 2-238

要点：转移重心与屈膝上抬要快速、连贯，冲撞要狠，支撑腿要稳。

(四)跪膝

1. 左跪膝

由防卫姿势开始，身体右转，右腿微屈，身体重心落在右腿，左腿屈膝，以突然降低重心和大腿下压的力量，向下跪击，力达膝关节前下部（见图2-239和图2-240）。

图 2-239　　　　　图 2-240

要点：动作要狠，借助身体下沉力，使跪击有力。

2. 右跪膝

由防卫姿势开始，身体左转，左腿微屈，身体重心落在左腿，右腿屈膝，以突然降低重心和大腿下压的力量，向下跪击，力达膝关节前下部（见图 2-241 和图 2-242）。

图 2-241　　　　　图 2-242

要点：动作要狠，借助身体下沉力，使跪击有力。

六、立战跤法

（一）刀勾

1. 左刀勾

由防卫姿势反架开始，重心移至右腿，左小腿由外向里盘绕（见图 2-243 和图 2-244）。

图 2-243　　　　　图 2-244

要点：小腿盘绕时，保持身体平衡。
2. 右刀勾
由防卫姿势开始，重心移至左腿，右小腿由外向里盘绕（见图 2-245 和图 2-246）。

图　2-245　　　　　　　图　2-246

要点：小腿盘绕时，保持身体平衡。
(二) 得合
1. 左得合
由防卫姿势反架开始，重心移至右腿，左小腿前伸外翻缠绕（见图 2-247 和图 2-248）。

图　2-247　　　　　　　图　2-248

要点：小腿缠绕时，保持身体平衡。
2. 右得合
由防卫姿势开始，重心移至左腿，右小腿前伸外翻缠绕（见图 2-249 和图 2-250）。

图　2-249　　　　　　　图　2-250

要点：小腿缠绕时，保持身体平衡。

(三)贴身跤法

1. 抱腿摔

(1)抱腿别腿摔。

由防卫姿势开始，己方右脚蹬地，身体下潜上左步，左手抄抱侵害方前大腿，右手抄抱其小腿于胸前；接着右脚跟进半步，左脚插别在对方的支撑腿后面，上体后转用胸下压对方前腿，将对方摔倒；然后回原位(见图2-251～图2-253)。

图 2-251

图 2-252

图 2-253

(2)抱腿打腿摔。

由防卫姿势开始，己方右脚蹬地，身体下潜上左步，左手抄抱侵害方的前大腿，右手抄抱其前腿于胸前；接着右脚跟进半步，左腿摆至对方左腿膝窝处，用小腿后打对方支撑腿，同时，上体右转，将对方摔倒；然后回原位(见图2-254～图2-256)。

图 2-254

图 2-255

图 2-256

(3)抱腿前顶摔。

由防卫姿势开始,己方右脚蹬地,身体下潜上左步,两手抱住侵害方双腿膝窝;同时左肩前顶,屈肘,两手用力回拉将对方摔倒;然后回原位(见图2-257～图2-259)。

图 2-257

图 2-258

图 2-259

(4)抱腿过胸摔。

由防卫姿势开始,己方右脚蹬地,身体下潜上左步,两手抱住侵害方的双腿膝窝;接着右脚跟进半步,两腿蹬伸,挺身将对方抱起,再后倒、弓腰、仰头,将对方摔倒;然后回原位(见图2-260～图2-262)。

图 2-260

图 2-261

图 2-262

2.过背摔

(1)夹颈过背摔。

由防卫姿势开始,己方上左步,同时左臂从侵害方右肩上穿过,屈肘夹住其颈部,右手抓住对方左前臂;接着身体右转,右腿跟进半步,臀部抵住对方小腹;再两腿蹬伸、向下弓腰、头右转,将对方摔倒;然后回原位(见图2-263～图2-266)。

图 2-263

图 2-264

图 2-265　　　　　　　　图 2-266

（2）插肩过背摔。

由防卫姿势开始，己方上左步，同时左手插入侵害方右臂腋下，右手抓住对方的左前臂；接着身体右转，左腿跟进半步，臀部抵在对方小腹；再两腿蹬伸、弓腰、头右转，左上臂插抱对方右腋下，将对方摔倒；然后回原位（见图 2-267～图 2-269）。

图 2-267　　　　图 2-268　　　　图 2-269

3. 夹颈打腿摔

由防卫姿势开始，己方上左步，并向右转体，左臂从侵害方右肩上穿过，屈肘夹住其颈部，右手抓对方左前臂；接着右脚向后插半步与左脚平行，臀部抵住对方小腹，身体右转，同时用左小腿向后横打对方小腿外侧，将对方挑起摔倒；然后回原位（见图 2-270～图 2-273）。

图 2-270　　　　　　　　图 2-271

图 2-272

图 2-273

4. 旋压摔

由防卫姿势开始,己方右脚蹬地,身体下潜上左步;左手抄抱侵害方前大腿,右手抓住对方前脚外踝处;接着以左脚掌为轴,身体向右后方旋转,同时右手上提,左肩下压,将对方摔倒;然后回原位(见图2-274~图2-276)。

图 2-274

图 2-275

图 2-276

(四)接腿跤法

1. 抱腿勾踢摔

由防卫姿势开始,当侵害方用前正蹬腿或前踹腿攻击时,己方用前臂抄其小腿,并手抓脚踝,同时后手抓其脚背;接着双手回拉,同时右手松开抄对方前腿膝窝,再用右脚勾踢对方支撑腿脚跟,上体右转,将对方摔倒。当侵害方使用后正蹬腿或后踹腿攻击时,也可以使用此方法(见图2-277和图2-278)。

图 2-277

图 2-278

2. 抄腿勾踢摔

由防卫姿势开始,当侵害方用后横踢腿攻击时,己方迈步用右手臂抄其膝窝,左手搂抱其小腿;接着用右手压对方颈部,右脚勾踢对方支撑腿脚踝,再上体右转,右手回拉,将对方摔倒。当侵害方使用前横踢腿攻击时,也可以使用此方法(见图 2-279~图 2-281)。

图 2-279

图 2-280

图 2-281

3. 抱腿涮

由防卫姿势开始,当侵害方用前正蹬腿或前踹腿攻击时,己方用前臂抄其小腿并手抓脚踝,同时后手抓其脚背;接着两腿屈膝,退步回拉,随即跨左步,上右步,双手由内向左上方划弧,将对方摔倒(见图 2-282~图 2-286)。当侵害方使用后正蹬腿或后踹腿攻击时,也可以使用此方法。

图 2-282

图 2-283

图 2-284

图 2-285

第二章　站立防卫技法

图　2-286

4.抱腿甩

由防卫姿势开始,当侵害方用前正蹬腿或前踹腿攻击时,己方用前臂抄其小腿并手抓脚踝,同时后手抓其脚背;接着退步下拉、弓腰、压膝,将对方摔倒(见图2-287～图2-290)。当侵害方使用后正蹬腿或后踹腿攻击时,也可以使用此方法。

图　2-287

图　2-288

图　2-289

图　2-290

5.抱腿上托摔

由防卫姿势开始,当侵害方用前正蹬腿或前踹腿攻击时,己方用前手抓对方脚踝,同时后手抓其脚背;接着双手向前上方推送,将对方摔倒(见图2-291～图2-294)。当侵害方使用后正蹬腿或后踹腿攻击时,也可以使用此方法。

图 2-291　　　　　　　图 2-292

图 2-293　　　　　　　图 2-294

第五节　立站抓、抱、扛解脱方法

一、腕部被抓握的解脱

(一)单手腕被同侧单手抓握的解脱法

1. 正抓解脱

(1)屈肘解脱。当左手腕被侵害方右手正抓握时,己方左臂内旋屈肘,可解脱抓握(见图 2-295～图 2-297)。

图 2-295　　　　图 2-296　　　　图 2-297

要点:动作快速、干脆。

(2)扣腕掰指解脱。当右手腕被侵害方左手正抓握时,己方右手用力向桡侧扣腕并外旋,使右掌心向上,同时左手掌心向上从右前臂下方穿过,用食指掰开对方的左拇指,随后五指合拢,抓紧拇指向左下方旋指掰开,可解脱抓握(见图2-298~图2-300)。

图 2-298　　　　　图 2-299　　　　　图 2-300

要点:右手腕侧扣外旋与左手掰开对方手指同步,动作要快速、连贯。

2.反抓解脱

(1)提手解脱。当左手腕被侵害方右手反抓握时,己方右手抓握对方手腕上提,同时左臂内旋下压,可解脱抓握(见图2-301~图2-303)。

图 2-301　　　　　图 2-302　　　　　图 2-303

要点:用力上提,上提与左臂内旋下压协调一致。

(2)抓腕压肘解脱。当左手腕被侵害方右手反抓握时,己方左臂内旋回收,将对方右手带至己方腹前,同时右手从上向下抓握下压对方右手腕,同时屈左肘,用肘尖下压对方右肘关节后侧,可解脱抓握(见图2-304~图2-306)。

图 2-304　　　　　图 2-305　　　　　图 2-306

要点:内收、抓腕、屈肘下压动作要快速、准确、连贯。

(二)单手腕被异侧单手抓握的解脱法

1.挑手解脱

当左手腕被侵害方左手正抓握时,己方右手向上拍打对方手腕,同时左臂内旋下压,可解脱抓握(见图2-307～图2-309)。

图 2-307　　　　　　　图 2-308　　　　　　　图 2-309

要点:用力拍打手腕,拍打与旋臂下压同步。

2.扣腕解脱

当左手腕被侵害方左手正抓握时,己方右手由上向下抓紧对方左掌背下压,同时左腕向对方左腕关节尺侧用力上跷,五指张开,左腕关节用力尺侧扣腕,压紧其尺侧部,可解脱抓握(见图2-310～图2-312)。

图 2-310　　　　　　　图 2-311　　　　　　　图 2-312

要点:掌背要压住,扣腕后狠压尺侧部。

3.扣腕抓指解脱

当右手腕被侵害方右手反抓握时,己方右手用力向下尺侧扣腕,五指张开,同时左手从右前臂下方穿过,掌心向上,用食指、中指和无名指向上抓开对方拇指,可解脱抓握(见图2-313和图2-314)。

图 2-313　　　　　　　　　图 2-314

要点:扣腕与抓开拇指同步,动作要迅速。

(三)单手腕被双手抓握的解脱法

1. 握手下带解脱

当左手腕被侵害方双手反抓握时,己方右手从对方两臂之间向上抓握己方左拳,随后双手同时向下用力,可解脱抓握(见图2-315～图2-317)。

图 2-315

图 2-316

图 2-317

要点:相握要牢,向下用力快而猛。

2. 上提屈肘解脱

当左手腕被侵害方双手正抓握时,己方右手抓握对方左手腕上提,同时左臂屈肘内旋回带,可解脱抓握(见图2-318和图2-319)。

图 2-318

图 2-319

要点:上提对方手腕与己方屈肘内旋回带要同步。

(四)双手腕被双手抓握的解脱

1. 下按拍打解脱

当双手腕被侵害方双手反抓握时,己方双臂外旋下按,同时拍打对方手腕,可解脱抓握(见

图 2-320 和图 2-321)。

图 2-320

图 2-321

要点:拍打下按至腹前。

2. 下按上挑解脱

当双手腕被侵害方双手正抓握时,己方双臂内旋下按,随后双臂外旋屈肘上挑,可解脱抓握(见图 2-322~图 2-325)。

图 2-322

图 2-323

图 2-324

图 2-325

要点:上挑发力要突然、迅速。

二、手掌被抓握的解脱

(一)抓指压背解脱

当手掌被侵害方正抓握成握手姿势时,己方用力伸张五指,腕关节向上跷,随后中指、无名指压住对方拇指掌关节背侧,同时抓住对方的拇指并用力向掌背侧推压,可解脱抓握(见图 2-

326～图 2-329）。

图 2-326

图 2-327

图 2-328   图 2-329

要点：拇指掌关节背侧要用力压住，动作衔接要连贯。

（二）提肘勾指解脱

当手掌被侵害方正抓握成握手姿势时，已方左脚向前上步，左手从对方右腋下挑起对方右肩部，右手抓住对方的右手向右拉，随后已方左手屈肘内收，把对方右上臂抱压在胸前，右手握紧对方右手迅速向左上方外旋，可解脱抓握（见图 2-330～图 2-333）。

图 2-330

图 2-331

图 2-332

图 2-333

要点：挑起对方右肩部时，身体要贴近对方身体。完成动作要协调、连贯、迅速。

三、指、腕、肘被折的解脱

（一）拇指被折解脱法

当右手拇指被侵害方推折时，己方用左手抓握对方右手背，拇指上推对方手指，同时右手下带，即可解脱（见图 2-334～图 2-336）。

图 2-334

图 2-335

图 2-336

要点：要用力上推对方拇指，推指与下带要同步。

（二）腕部被折解脱法

当右手腕被侵害方双手缠切时，己方身体下蹲，右臂屈肘，右转身用左手抓握对方左手腕，随后左手上提，右手侧带，身体直立，即可解脱（见图2-337～图2-340）。

图 2-337

图 2-338

图 2-339

图 2-340

要点：上提、侧带要协调一致。

（三）肘部被折解脱法

1. 转身掐喉

当左臂被侵害方反拧，肘关节被压时，己方左臂屈肘身体右转，同时，右手前伸卡掐对方喉部，即可解脱（见图2-341～图2-343）。

图 2-341

图 2-342

图 2-343

要点:动作要快,掐喉要准而狠。

2. 揪发膝撞

当右肘被侵害方背向扛在右肩上时,己方左手抓揪对方头发回拉,同时右膝顶撞对方后腰部,即可解脱(见图2-344～图2-346)。

图 2-344

图 2-345

图 2-346

要点:回拉与顶撞要同步,快速有力。

四、颈部被抓的解脱

(一)颈部被单手掐卡解脱法

1. 拉带解脱

当颈部被侵害方正面单手掐卡时,己方左手抓握对方右手腕向外拉带,同时身体右转,即可解脱(见图2-347～图2-349)。

图 2-347

图 2-348

图 2-349

要点:动作要快速、有力。

2. 打推解脱

当颈部被侵害方正面单手掐卡时,己方用力拍打对方右手腕并抓握,同时身体右转,猛推对方右手腕,即可解脱(见图2-350～图2-352)。

图 2-350

图 2-351

图 2-352

要点:推腕要快而猛,右转与推腕同步。

3. 格击解脱

当颈部被侵害方正面单手掐卡时,己方身体右转,同时左臂内旋,左手由里向外磕击对方左手腕,即可解脱(见图2-353～图2-355)。

图 2-353

图 2-354

图 2-355

要点：磕击要狠，右转与磕腕同步。

(二)颈部被双手卡喉解脱法

1. 打砸解脱

当颈部被侵害方正面双手掐卡时，己方双手相握，由下向上撞击对方下颌，随后两手下落砸打对方鼻梁或面部，即可解脱(见图2-356~图2-361)。

图 2-356

图 2-357

图 2-358

图 2-359

图 2-360

图 2-361

要点：打砸要准、狠，动作连贯。

2. 推击解脱

当颈部被侵害方正面双手掐卡时，己方双手交错用力拍打对方手腕并抓握推击，左手推击对方左手腕，右手推击对方右手腕，即可解脱（见图2－362～图2－364）。

图　2－362　　　　　　　　　图　2－363

图　2－364

要点：双手同时发力推击。

3. 转身击喉解脱

当颈部被侵害方背面双手掐卡时，己方右转身，左手抓握对方右手腕回带，同时右手变八字掌掐卡对方喉部并推击，即可解脱（见图2－365～图2－367）。

图　2－365　　　　　　　　　图　2－366

图 2-367

要点：回带、推喉要同步。转身要迅速，回带与推喉要快速、有力。

4. 头绕解脱

当颈部被侵害方正面双手掐卡时，己方头部向前向左从对方右臂下方绕出，即可解脱（见图2-368～图2-370）。

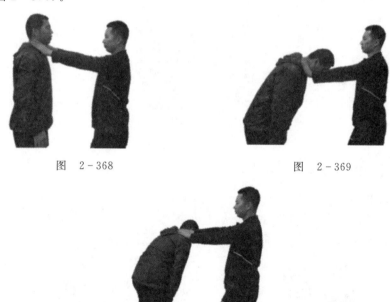

图 2-368　　　　　　　图 2-369

图 2-370

要点：头部可根据情况向左或向右绕出，头绕时动作要快，幅度适中。

五、被搂抱的解脱

（一）正面被搂抱的解脱

1. 掐点穴位解脱

当被侵害方正面搂腰，己方双手在外时，己方双手拇指掐点对方喉结两旁的人迎穴，也可双手绕至对方头后方,掐点对方双耳后的翳风穴,使对方头脑胀痛难以忍受而放手,即可解脱;还可使用单手中指或无名指掐点对方天突穴、极泉穴、肩井穴,以解脱(见图2-371～图2-374)。

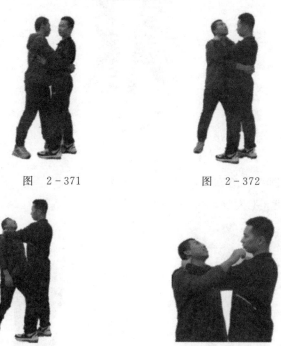

图 2-371　　　　　　　　　图 2-372

图 2-373　　　　　　　　　图 2-374

要点:点压穴位要准确,手指功力要强。如掐点人迎穴、翳风穴时间较长,会导致对方脑部供血不足而昏厥。

2.推颌解脱

当被侵害方正面搂腰,已方双手在外时,已方左右手相叠猛推对方下颌,同时身体后撤,即可解脱(见图2-375～图2-377)。

图 2-375　　　　　　　　　图 2-376

图 2-377

要点:双手推与身体后撤同步。

3.击耳解脱

当被侵害方正面搂腰,己方双手在外时,己方身体后仰,双手推肩,随后双手由外向里用拳击打对方耳门,即可解脱(见图2-378～图2-380)。

图 2-378　　　　　图 2-379

图 2-380

要点:身体后仰与推对方肩要同步,击打耳门要准确、有力。

4.抠眼解脱

当被侵害方正面搂腰,己方双手在外时,己方双手拇指抠按对方双眼,其余四指抓扣对方头部,即可解脱(见图2-381和图2-382)。

图 2-381　　　　　　　图 2-382

要点:抠眼要准,发力要狠。

5.插鼻解脱

当被侵害方正面搂腰,己方双手在内时,己方右手搂住对方腰部,左手食指和中指插入对方鼻孔,随后下带,即可解脱(见图2-383和图2-384)。

图 2-383　　　　　　　图 2-384

要点:插入鼻孔要准、狠,用力下带。

6.击鼻解脱

当被侵害方正面搂腰,己方双手在外时,己方右手搂住对方腰部,左手掌根推击对方鼻尖,即可解脱(见图2-385和图2-386)。

图 2-385　　　　　　　图 2-386

要点:右手搂紧对方腰部,推击鼻尖要准。

7.击肋解脱

当被侵害方正面搂腰,己方双手在内时,己方弓腰双手向前推对方腹侧,随后双掌同时击打对方肋部,即可解脱。也可一手固定,另一手掌击肋(见图2-387~图2-389)。

图 2-387　　　　图 2-388　　　　图 2-389

要点:己方推腹距离要适当,以能有效完成击肋。推腹与击肋衔接要连贯。

8.击裆解脱

当被侵害方正面搂腰,己方双手在内时,己方以右手或左手抓捏对方下阴,趁对方躲闪撅移臀部之时,己方迅速提右膝或左膝向上撞击对方裆部,即可解脱(见图2-390~图2-392)。

图 2-390　　　　图 2-391　　　　图 2-392

要点:提膝上撞是在抓阴没能奏效时,继而采用的下一步方法。如抓阴奏效,只需双手用力向外打开,或向前推开对方,即可解脱。

(二)背面被搂抱的解脱

1.压指拉臂解脱

当被侵害方背面搂抱胸和颈部,己方双臂在外时,己方右手抓握对方右掌背,用食指、中指、无名指和小指的第一节抓住对方食指、中指、无名指和小指四个指尖,同时用力向内挤压,趁对方疼痛之时,继续用力挤压并把对方右手向身前扳直,掌心向上,随后左手抓住对方右手腕,以肩部为支点,双手同时用力向左下方拉,使对方向右外侧摔倒,即可解脱(见图2-393~图2-396)。

图 2-393　　　　　　　　图 2-394

图 2-395　　　　　　　　图 2-396

要点：向内挤压时，指间关节用力内屈，指掌关节用力背伸。动作要连贯，下拉要快速、有力。

2. 掰指解脱

当被侵害方背面搂抱，己方双臂在外时，己方右手抓握对方右掌背，用中指、无名指用力扒开对方右小指，并抓住向背侧掰开，即可解脱（见图2-397～图2-399）。

图 2-397　　　　图 2-398　　　　图 2-399

要点:手指功力要强,背侧掰小指要狠。

3. 抓阴解脱

当被侵害方背面搂抱,己方双臂在内时,己方身体向前移动,右手或左手伸向对方裆部抓捏,即可解脱(见图 2-400 和图 2-401)。

图 2-400

图 2-401

要点:抓捏要快、准、狠。

4. 掐皮解脱

当被侵害方背面搂抱,己方双臂在内时,己方身体向右转身移动,随即右手掐抓对方大腿内侧皮肤,即可解脱(见图 2-402 和图 2-403)。

图 2-402

图 2-403

要点:转身移动与掐抓衔接要紧凑,掐抓要狠。可根据情况,也可向左转身,左手掐抓。

5. 震脚解脱

当被侵害方背面搂抱胸和颈部,己方单臂在外时,己方提起右脚,用右足跟对准对方的右足背猛力向下踩踏,随后己方右脚后退一步,双手迅速抓住对方两手腕,前拉对方右臂,略屈膝,弯腰,随后蹬地,左转身并向左拉对方右臂,使对方向己方身体右侧摔倒,即可解脱(见图 2-404~图 2-407)。

图 2-404　　　　图 2-405

图 2-406　　　　图 2-407

要点：如震脚后能达到解脱目的，可不用后面动作。震脚后面动作要协调、连贯。根据情况，左、右脚踩踏可以随情况运用。

6．头撞解脱

当被侵害方背面搂抱，己方双臂在内时，己方身体上挺，头部顶住对方头部或下颌，后仰，撞击对方面部，即可解脱（见图2－408和图2－409）。

图 2-408　　　　图 2-409

要点：头部撞击要快、准、狠。此方法要根据双方的身高状况，衡量能否使用。

7．裹摔压颈解脱

当被侵害方背面单臂搂颈时，己方提臀撞击对方裆部，同时双手抓握对方锁颈手臂下拉，随后左转身上右步面向侵害方并伸左手抓住对方后腰带,接着身体后倒,左手左带并向左后转身,骑压对方,然后右手臂迅速按压对方颈部,即可解脱(见图2-410~图2-417)。

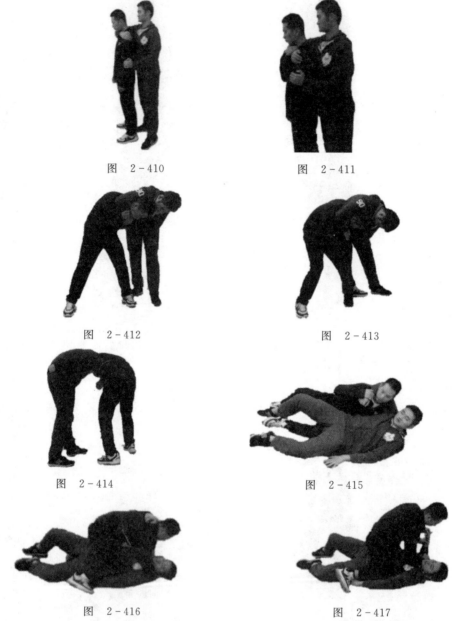

图 2-410　　　　　　　　图 2-411

图 2-412　　　　　　　　图 2-413

图 2-414　　　　　　　　图 2-415

图 2-416　　　　　　　　图 2-417

要点:动作衔接要连贯,提臀撞击后要拉开与对方的距离,以便顺利转身。

8. 肘击解脱

当被侵害方背面搂抱,己方双臂在外时,己方身体向左转身移动,随即抬左臂用肘击打对方面部、颈部,即可解脱(见图2-418和图2-419)。

　　图 2-418　　　　　　　图 2-419

要点:转身与肘击连接要快,肘击要准、狠。

(三)侧面被搂抱的解脱

插点天突:当被侵害方从右侧用左手搂抱颈部时,己方顺着对方的扣拉之势右转身,随即用左手中指插点对方咽喉下方的天突穴(在胸骨上方的凹陷处),即可解脱(见图2-420和图2-421)。

　　图 2-420　　　　　　　图 2-421

要点:插点穴位要准,点穴要有力。

(四)被挑扛的解脱

1.扣脸勾鼻解脱

当被侵害方从己方身体侧后插裆肩扛起时,己方用上面未被抓住的左手向对方面部扣下,随即用食指、中指插进对方鼻孔并向上勾起,即可解脱(见图2-422~图2-425)。

　　图 2-422　　　　　　　图 2-423

图 2-424　　　　　　图 2-425

要点:扣脸要狠,插鼻孔要准,勾鼻有力。

2.后插腋窝解脱

当被侵害方从己方身体前面插裆肩扛起时,己方未被抓住的左手五指伸直,从对方左腋窝的后面插进,即可解脱(见图2-426和图2-427)。

图 2-426　　　　　　图 2-427

要点:五指用力绷直,用力直插腋窝深处的腋神经。

3.锁喉解脱

当被侵害方从己方身体前面插裆肩扛起时,己方未被抓住的左手成八字掌掐卡对方喉部,即可解脱(见图2-428和图2-429)。

图 2-428　　　　　　图 2-429

要点:掐卡要快、准、狠。

第六节　立站擒拿技法

一、抓握头发的擒拿

（一）被正面抓握头发的擒拿

1. 压掌折腕擒拿

当被侵害方迎面右手抓握头发时，己方双手上举合掌，抓住对方手掌背，随后俯身，头下低并前顶对方右手，同时双手压紧对方掌背横折其手腕（见图2-430～图2-432）。

图 2-430

图 2-431

图 2-432

要点：双手要抓握紧并压住对方手掌背，防止对方抽手。如被侵害方左手抓握头发时，运用方法相同。

2. 压肘折臂擒拿

当被侵害方迎面右手抓握头发时，己方右手抓扣对方右手背，左手按压对方右肘尖，随后身体右转俯身，头顶对方右手并横折其右手腕，左手按压对方肘部（见图2-433～图2-435）。

图 2-433

图 2-434

图 2-435

要点：头顶、折腕与按压肘部同步。按压肘部与折腕要有力。

（二）被后面抓握头发的擒拿

1. 拧臂折腕擒拿 1

当己方头部后面头发被侵害方右手抓握时，己方双手相叠扣压对方右手背，身体下蹲并向右转体 180°，随即身体直立抬头，扭折对方手腕（见图 2-436～图 2-439）。

图 2-436

图 2-437

图 2-438

图 2-439

要点：要用力扣压住对方手背，转体迅速，猛力折腕。

2. 拧臂折腕擒拿 2

当己方头部后面头发被侵害方右手抓握时，己方双手相叠扣压对方右手背，随即身体下蹲右转并颈部猛然向右抖撞，使对方腕关节过度侧扣扭折（见图 2-440～图 2-442）。

图 2-440

图 2-441

图 2-442

要点：身体下蹲、右转与颈部抖撞同步，抖撞要突然抖动发劲。

二、掐喉的擒拿

（一）拧臂掐喉擒拿

当被侵害方右手掐喉时，己方四指抠抓对方右手拇指内侧，用拇指按压手背，随后上右步并左臂外翻，同时，右手掐卡对方喉部（见图 2-443～图 2-445）。

图 2-443

图 2-444

图 2-445

要点：对方左手要抓牢，上步、左臂外翻与卡喉要同步。

（二）压肘折腕擒拿

当被侵害方双手掐喉时，己方右手四指抠抓对方右掌外沿内侧，拇指按压手背，同时左手按压对方肘部，随后身体右转压肘折腕（见图2-446～图2-448）。

图 2-446　　　　　　　　图 2-447　　　　　　　　图 2-448

要点：抓握对方右掌要牢，身体右转与压肘同步，压肘折腕要狠。根据情况，也可己方左手四指抠抓对方左手掌外沿内侧，后面动作相反。

三、抓握手掌（握手姿势）的擒拿

（一）抠指旋臂擒拿

当侵害方右手与己方右手相握时，己方左臂内旋左手四指抠抓对方拇指，同时拇指压其掌背，随后左臂外旋，四指翻拧，拇指上推，此时己方右手解脱，接着右手反抓对方右掌背，身体左转，同时双手合力逆时针用力拧折对方右臂和右手腕（见图2-449～图2-453）。

图 2-449　　　　　　　　图 2-450　　　　　　　　图 2-451

第二章 站立防卫技法

图 2-452

图 2-453

要点：动作衔接要连贯，拧折手臂和手腕的同时身体向左转。

（二）托肘撅折擒拿

当侵害方右手与己方右手相握时，己方身体右转，同时右臂内旋右手下拉，随后左手抓握对方右肘，右手下按，左手上托，撅折对方右肘。此时如对方屈肘，己方则可顺势向前一步，右掌按压对方右手背，折其手腕（见图 2-454～图 2-457）。

图 2-454

图 2-455

图 2-456

图 2-457

要点:右手下按与左手上托要同步,而且发力干脆。如果撅折对方右肘奏效,可不进行后面动作。

四、抓握手腕的擒拿

(一)抓掌旋臂擒拿

当左手腕被侵害方右手(同侧)正抓握时,己方左臂内摆,同时右手四指抠抓对方拇指内侧,拇指按压其掌背,随后右手翻转,左手外旋,此时左手解脱,接着左手抓握对方手背,与右手合力逆时针扭转(见图2-458～图2-461)。

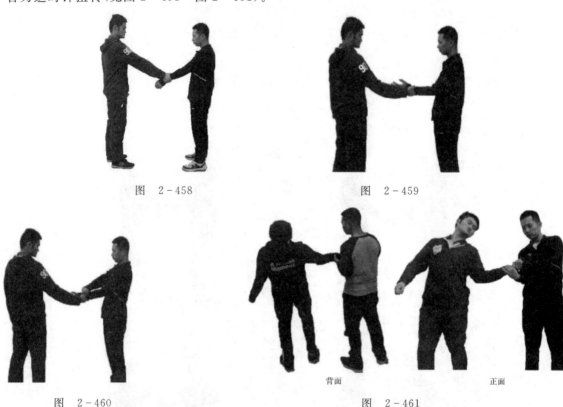

图 2-458　　　　　　图 2-459

图 2-460　　　　　　图 2-461

要点:左手解脱要快,解脱瞬间与后面抓握对方手臂动作幅度不宜大,双手扭转时,可回带。

(二)抠掌推腕擒拿

当左手腕被侵害方右手(同侧)正抓握时,己方左臂外摆,同时右手四指抠抓对方手掌外沿,拇指按压虎口,随后右手翻转,左手外旋,此时己方左手解脱,接着用左手四指抠抓对方拇指内侧,与右手合力推压手腕(见图2-462～图2-465)。

图 2-462　　　　　　　　图 2-463

图 2-464　　　　　　　　图 2-465

要点：右手翻转与左手外旋解脱要同步。左手解脱要快，解脱瞬间与后面左手四指抠抓对方拇指内侧动作幅度不宜大。

五、抓握前襟的擒拿

（一）掰腕拧臂擒拿

当前襟被侵害方右手抓握并旋臂向上扭顶时，己方左手从上向右抓握对方右腕尺侧，同时右手从对方右手下方穿过向上抓住对方的右腕桡侧，随后左手向上向左，右手向下向右，双手合力顺时针掰转对方右手腕（见图 2-466～图 2-469）。

图 2-466　　　　　　　　图 2-467

图 2-468

图 2-469

要点:双手抓握对方手腕要迅速,顺时针掰转双手同时发力。

(二)抓掌折腕擒拿

当前襟被侵害方右手抓握时,己方双手相叠用力抓压对方右手腕背侧,并下蹲弯腰,压紧对方右手腕于胸前,双手同时折腕(见图2-470～图2-472)。

图 2-470

图 2-471

图 2-472

要点:双手和胸部要紧压对方右手,折腕要有力,使其过度背伸。己方抓压对方手腕时,可右手抓握,左手与右手相叠,也可以左手抓握,右手与左手相叠。

(三)绕臂压肩擒拿

当前襟被侵害方右手抓握时,己方右手抓握对方右手腕,左手上举,左臂从对方右臂前由下向上绕右臂缠绕上举,左手高于肩,随后屈腕向下抓住对方右肩并用力下压(见图2-473～图2-475)。

图 2-473　　　　　图 2-474　　　　　图 2-475

要点:绕臂与压肩动作要流畅,压肩同时要夹紧对方右臂于己方肋下。

(四)扭臂控腕擒拿

当前襟被侵害方右手抓握时,己方左臂抬起,身体右转,抡臂砸压对方右臂,再挑击肘关节,使其右臂扭转,同时,抓握对方手腕控制于后背(见图 2-476～图 2-480)。

图 2-476　　　　　图 2-477　　　　　图 2-478

图 2-479　　　　　图 2-480

要点:身体右转与抡臂砸压同步,动作衔接要连贯。

(五)托肘扭臂擒拿

当前襟被侵害方左手抓握时,己方左手从上面抓握对方左手腕,右手由下向上抓握对方左肘部内侧,随后左手向左下方掰腕,同时右手向上托起对方左肘关节,并向左下方推压(见图 2-481~图 2-483)。

图 2-481

图 2-482

图 2-483

要点:双手一抓握,就立即拧臂。推压肘关节时,左手上顶对方腕关节,使对方肘关节过度伸直。

(六)抓肘拧臂擒拿

当前襟被侵害方左手抓握时,己方用右手抓握对方左手腕,左手由下向上抓握对方左肘部外后侧,随后右手向右下方掰,左手向左拉并向上托起对方左肘关节(见图 2-484~图 2-487)。

图 2-484

图 2-485

图 2-486

图 2-487

要点:双手一抓握,就立即拧臂,动作要迅速。

第二章 站立防卫技法

(七) 撞肘上托擒拿

当前襟被侵害方双手抓握时，己方用双手抓住对方双肘部外侧，并猛力向内挤压，使对方双肘部内侧的内髁骨相撞，同时双手向上用力托起对方双肘（见图2-488～图2-490）。

图 2-488

图 2-489

图 2-490

六、抓握肩部的擒拿

(一) 压肩别臂擒拿

当右肩部被侵害方左手从正面抓握时，己方身体略前移，右手从对方左臂外侧上举随即迅速向下抓住对方左肩用力下压（见图2-491～图2-494）。

图 2-491

图 2-492

图 2-493

图 2-494

要点：右手上举时，身体要前移，使对方右前臂搭在己方右肩上作为支撑点，这样，才能有效地完成下一步擒拿动作，否则，不能奏效。

(二) 抓腕折腕擒拿

当左肩部被侵害方右手从正面抓握时，己方右手抓握对方右手腕，随后左臂屈肘上抬，由外向里砸压对方右手腕,同时身体右转,右手拧折对方右手腕(见图2-495～图2-497)。

　　图 2-495　　　　　　　图 2-496　　　　　　　图 2-497

要点:抓腕要抠紧,折腕时紧握对方右手,左臂裹夹紧对方右腕。

(三)抓腕折肘擒拿

当左肩部被侵害方右手从正面抓握时,己方右手抓握对方手腕,随后左臂屈肘上抬向里磕击对方右肘,同时身体右转,压折对方右肘(见图2-498和图2-499)。

　　　　图 2-498　　　　　　　　　　图 2-499

要点:磕击要狠,压折肘时身体前倾,同时可折腕,加大对方疼痛。

(四)抓掌压肘擒拿

当右肩部被侵害方右手从后面抓握时,己方左手上举,屈肘抓握并按压住对方右掌背于己方右肩上,同时右转身,右手上举后迅速用右上臂下压对方右肘关节(见图2-500～图2-502)。

　　图 2-500　　　　　　　图 2-501　　　　　　　图 2-502

要点：压肘时，左手要抓压住对方右手。

(五)转身反臂擒拿

当双肩部被侵害方双手从正面抓握时，己方左手由下抓握对方左手腕，右手由上抓握对方右手腕，随后左臂屈肘上翘，同时上体后仰右转，随即右手搬拉，左臂翻转，拧折对方腕臂(见图2－503～图2－506)。

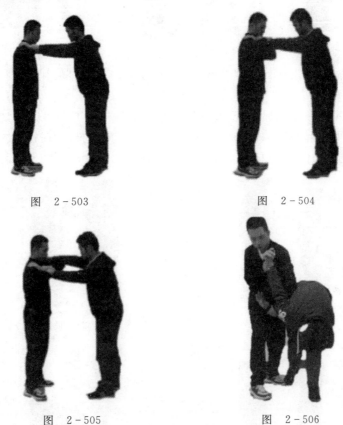

图　2－503　　　　　　　　　图　2－504

图　2－505　　　　　　　　　图　2－506

要点：双手紧抓对方左、右手腕，动作衔接要连贯，拧折要狠。

七、抓握手臂的擒拿

(一)转臂扣腕擒拿

当左手臂被侵害方右手抓握时，己方左手从对方右手下方向外屈肘绕上，右手抓握住对方右掌背，随后右手抓压紧对方右掌背，并左臂内收猛压对方右前臂，使其手腕过度背伸(见图2－507～图2－509)。

图 2-507　　　　　　　图 2-508　　　　　　　图 2-509

要点：动作要协调、连贯。只有右手抓压对方右掌背牢固，左臂内收压对方前臂才能奏效。

（二）击肘推臂擒拿

当左手臂被侵害方左手抓握时，己方右手由上向下打击对方左肘关节，使其屈曲，同时左臂向身前内上方屈肘举起，随后右手抓握住对方左肘部并向左推，同时己方左前臂平举并把对方左前臂向右推出并下压，使其左肩关节过度内收（见图2-510~图2-513）。

图 2-510　　　　　　　　　　　图 2-511

图 2-512　　　　　　　　　　　图 2-513

要点：右手打击与左臂上举、右手左推与左手右推压要同步。动作衔接要协调、连贯。

八、搂抱腰部的擒拿

（一）内搂抱

1. 撞头折腕擒拿

腰部被侵害方从后面双手搂抱，己方双手在外时，己方头部撞击对方头部，随后右手四指扣抓对方右手掌外沿内侧,拇指按压对方右虎口,然后身体解脱并向左转体180°,内旋拧转对方右臂,左手和右手合力向前、向下折推对方右手腕(见图2-514～图2-517)。

要点:转体时要紧握对方右手,转体、拧臂、推折手腕要连贯。

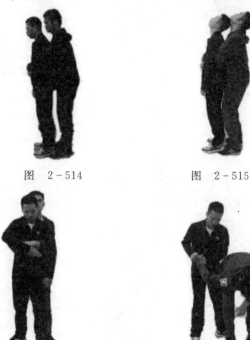

图 2-514　　　　　图 2-515

图 2-516　　　　　图 2-517

2.击头折踝擒拿

当腰部被侵害方从后面双手搂抱,己方双手在外时,己方迅速向左转体用肘击打对方头部,随后上体前屈,用双手抓抱对方右腿,接着身体下坐双手上提致其倒地,随即旋折压其踝关节,迫使对方身体翻转,己方迅速用右膝顶压对方折叠右小腿,双手旋折踝关节(见图2-518～图2-521)。

图 2-518　　　　　图 2-519

图 2-520　　　　　　　　　图 2-521

要点:肘击要狠、前屈、抓抱、身体下坐、双手上提、旋折压对方踝关节要协调、连贯。

(二)外搂抱

1.转体拧肘擒拿

当腰部被侵害方从后面双手搂抱,己方双手在内时,己方头部向后撞击对方面部,随后臀部撞击对方裆部,接着左手抓握对方右手腕,身体下蹲,向左后方转体解脱,随即右手抓握对方右肘部,左手上推拧其右肘(见图 2-522～图 2-526)。

图 2-522　　　　　图 2-523　　　　　图 2-524

图 2-525　　　　　图 2-526

要点:撞击对方面部、裆部衔接要连贯、迅速,下蹲、转体解脱时要抓握紧对方右手。

2.击肋推颌擒拿

当腰部被侵害方从正面双手搂抱,己方双手在内或在外时,己方双手掌根撞击对方双肋,随后左手搂抱对方腰部,右手掌根推其下颌,同时左手回拉(图 2-527～图 2-529)。

第二章 站立防卫技法

图 2-527　　　　图 2-528　　　　图 2-529

要点：搂抱对方腰部要搂紧，推对方下颌的同时左手要回拉对方腰部。

第三章 立站防卫反击

第一节 拳法攻击的反击

一、插肩别摔反击

当侵害方用右直拳攻击头部时,己方左脚侧跨向左躲闪,同时左手由外向内拍挡对方右手腕,随即己方右脚向对方右脚外侧跨步,同时右手从对方右臂下方向前上方插出,接着右臂扣住对方右肩部向前推并用力下压,迫使对方向后倒地(见图3-1～图3-4)。

图 3-1　　　　　　　　图 3-2

图 3-3　　　　　　　　图 3-4

要点:右手插出后,己方右肩部要与对方右肩部交叉紧贴,己方右腿要别住对方右腿,身体紧靠对方,才能绊倒对方。

二、挂挡冲拳反击

当侵害方用后掼拳攻击头部时,己方用左挂挡防守,随后用右冲拳反击对方面部。如侵害方用前掼拳攻击,己方用右挂挡防守,左冲拳反击(见图3-5～图3-7)。

图 3-5

图 3-6

图 3-7

要点:防守迅速,反击要连贯、有力。

三、挂挡掼拳反击

当侵害方用后掼拳攻击头部时,己方用左挂挡防守,随后用右掼拳反击对方面部。如侵害方用前掼拳攻击,己方用右挂挡防守,左掼拳反击(见图3-8和图3-9)。

图 3-8

图 3-9

要点:防守迅速,反击要连贯、有力。

四、挂挡压肩反击

当侵害方用右直拳攻击头部时,己方右挂挡防守,随后己方右手横臂向前上方顶出对方右前臂,同时左手向右击打对方右肘部使之弯曲,接着己方右脚向对方右脚后外侧跨一步,同时左手抓握对方右肘部向右后方拉,右前臂向前下方推压对方右前臂,迫使其倒地(见图3-10～图3-14)。

自卫防身术实践研究

图 3-10　　　　　　　图 3-11　　　　　　　图 3-12

图 3-13　　　　　　　　　　　图 3-14

要点：己方右脚向对方右脚后外侧跨步，要扣住对方右脚，拉肘、推压对方右前臂要同步。

五、反扭锁颈反击

当侵害方用右直拳攻击头部时，己方用右挂挡防守，随后右手反腕抓握住对方右腕背面并外旋，同时，左手向前上托再反腕下压对方右肘部，双手合力反扭对方右手。如果对方再左转身用左拳击打己方头部时，己方用左挂挡防守，随后右手上提对方右手，左手迅速从对方左肩上穿出，锁住对方颈部（见图3-15～图3-19）。

图 3-15　　　　　　　图 3-16　　　　　　　图 3-17

图 3-18　　　　　　　　图 3-19

要点：抓腕、上托再下压对方肘部、反扭对方右手要迅速、连贯。当对方再左转身用左拳击打已方头部时，之前已方右手抓握对方的右腕要抓紧，不能放松。

六、托肘掰腕反击

当侵害方用左拳由上而下攻击头部时，已方用右手架挡防守，随后用左手抓握住对方左肘部，右脚向对方左脚外侧跨步，扣住对方左脚，同时右手反抓握住对方左腕部并用力向外、向下掰压，左手向上托对方左肘部，迫使对方身体后仰倒地（见图 3-20～图 3-23）。

图 3-20　　　　　　　　图 3-21

图 3-22　　　　　　　　图 3-23

要点：左脚跨步、右手抓腕掰压、左手上托肘部要同步。左脚跨步要紧扣住对方左脚。

七、挂挡压肩反击

当侵害方用左拳攻击头部时,己方用右挂挡防守,随后右手反抓握对方左腕部并下拉,左手由下往上向对方左肘部外侧穿出并使之屈肘,接着左手迅速反抓扣压住对方左肩部并用力下压(见图3-24~图3-27)。

图 3-24　　　　　　　　　　图 3-25

图 3-26　　　　　　　　　　图 3-27

要点:右手要紧抓握对方左手腕。左手穿出、扣压肩部动作要快速、连贯。

八、拧臂压肩反击

当侵害方用右摆拳攻击头部时,己方用左挂挡防守,随后左手反抓握住对方右手腕,由上向左下方再向右上方逆时拧转。如对方向相反方向拧其右臂反抗,己方借力迅速向下再向左上方顺时反拧对方右手,同时右脚向后叉步,左脚向左跨一步,双手向前抱住对方右臂,紧压其肘关节于身前(见图3-28~图3-31)。

图 3-28

图 3-29

图 3-30　　　　　　　图 3-31

要点:手与脚的动作要协调配合,抱臂要紧锁,抱臂越紧,控制能力越强。

九、抱腰后摔

当侵害方用左劈拳攻击头部时,己方用左架挡防守,随即右脚向对方左脚外侧跨步,身体下蹲,同时右手从对方腹部绕至腰部横抱住,左手反抓握住对方左手腕并用力下压,同时右手抱起对方并向右转身将其摔倒(见图 3-32～图 3-35)。

图 3-32　　　　　　　图 3-33

图 3-34　　　　　　　图 3-35

要点:下蹲与抱腰同步,右腿和身体抵住对方并配合右手致对方倒地。

十、抓臂前拉

当侵害方用右直拳攻击头部时,己方用右挂挡防守,随后右手反抓握对方右腕部,同时左手抓握对方右肘部,右脚向后退一步,同时双手抓紧对方右臂用力向前拉,使对方前仆倒地(见图 3-36～图 3-39)。

图 3-36　　　　　　　　　　图 3-37

图 3-38　　　　　　　　　　图 3-39

要点:前拉右臂的同时,右脚向后要退一大步,拉臂要快速、有力。

十一、抓臂拧旋

当侵害方用左摆拳攻击头部时,己方用右挂挡防守,随后右手迅速反抓握住对方左前臂,同时左手由下向上抓住对方左腕部,接着双手合力顺时用力拧折对方左臂(见图 3-40～图 3-42)。

图 3-40　　　　　　图 3-41　　　　　　图 3-42

要点:防守、抓臂、抓腕、拧折对方左臂衔接要快速、连贯。

十二、抱腿后摔

当侵害方用左摆拳攻击头部时,己方用右挂档防守,随后迅速下蹲,左脚向前跨出一步,同时双手搂抱住对方左大腿,接着迅速用左肩顶住对方腹部,同时双手把对方身体抱起后向后方摔出(见图 3-43～图 3-46)。

图 3-43　　　　　　　　　图 3-44

图 3-45　　　　　　　　　图 3-46

要点:下蹲要迅速,左肩要紧贴对方腹部,抱腿起身要迅速、有力、连贯。

十三、挂挡踢裆

当侵害方用右摆拳攻击头部时,己方用左手反抓握对方右手腕防守,随后用右弹踢腿反击对方裆部(见图 3-47 和图 3-48)。

图 3-47　　　　　　　　　图 3-48

要点:左手抓腕动作要准确、有力,踢裆部位要准、狠。

十四、抓握压肘

当侵害方用右直拳攻击头部时,己方左脚迅速向左跨出一步躲闪防守,同时右手顺抓住对方右手前手臂,左手按压对方手肘部,随后左手屈肘扭转下压,使对方肘关节被压于己方腋下,同时右手按压对方手腕,接着左肘下压,右手上抬,身体重心下沉,压撅对方肘关节(见图3-49~图3-51)。

图 3-49　　　　　　　　图 3-50

图 3-51

要点:左跨步要迅速,抓臂、抓腕,下压动作要快速、连贯。

十五、抓握顶膝

当侵害方用右摆拳攻击头部时,己方左手反抓握对方右手腕部防守,随后左手下拉对方右手腕,同时右抡掌击打对方颈部,接着右手回拉对方颈部,同时右顶膝对方裆部、腹部、胸部、头部(见图3-52~图3-55)。

图 3-52　　　　　　　　图 3-53

图 3-54　　　　　　　　　图 3-55

要点：左手下拉要迅速，把握好距离，回拉颈部要迅速、有力。

十六、打颈拧臂

当侵害方左直拳攻击头部时，己方右脚迅速向右前方跨出一步，同时左手反抓握防守，随后左手回拉，同时右撑手击打对方面部、颈部，接着右手抓握对方左肘部，迅速压肘旋臂（见图3-56～图3-59）。

图 3-56　　　　　　　　　图 3-57

图 3-58　　　　　　　　　图 3-59

第二节 腿法攻击的反击

一、拍挡掼拳反击

当侵害方用后侧踹腿攻击时,己方用左拍挡防守,然后用右掼拳反击对方面部。如侵害方用前侧踹腿攻击,己方用右拍挡防守,左掼拳反击(见图3-60～图3-64)。

图 3-60　　　　　　图 3-61　　　　　　图 3-62

图 3-63　　　　　　　　　图 3-64

要点:步法移动灵活,距离调整到位,以便防守反击及时、准确。

二、拍压踹腿反击

当侵害方用后正蹬腿攻击时,己方用左拍压防守,然后用前侧踹腿反击对方躯干。如侵害方用前正蹬腿攻击,己方用右拍压防守,用后侧踹腿反击对方躯干(见图3-65～图3-69)。

图 3-65　　　　　　图 3-66　　　　　　图 3-67

图 3-68　　　　　　　　图 3-69

要点：步法移动灵活，距离调整到位，防守及时、准确、有力，反击速度快。

三、拍压横踢腿反击

当侵害方用后正蹬腿攻击时，己方用左拍压防守，然后用后横踢腿反击对方躯干。如侵害方用前正蹬腿攻击，己方则用右拍压防守，前横踢腿反击（见图 3-70～图 3-74）。

图 3-70　　　　　　　图 3-71　　　　　　　图 3-72

图 3-73　　　　　　　图 3-74

要点：步法灵活，防守及时，防守后要迅速反击。

四、接腿踹膝反击

当侵害方用右横踢腿攻击时，己方向左跨一步并双手外抄防守，然后用右踹腿反击对方膝部（见图 3-75～图 3-77）。

图 3-75　　　　　　图 3-76　　　　　　图 3-77

要点：在侵害方横踢腿还未奏效时快速完成跨步外抄。

五、接腿横踢反击

当侵害方用左侧踹腿正前方攻击时，己方双手抄抱防守，然后回带向左转身，用右横踢腿反击对方膝关节腘部（见图 3-78～图 3-81）。

图 3-78　　　　　　　　　　图 3-79

图 3-80　　　　　　　　　　图 3-81

要点：抄抱时要收腹，抄抱后向左转身，左脚上步用横踢腿反击对方。

六、接腿踢裆反击

当侵害方用右横踢腿攻击时，己方向左跨步，双手外抄防守，然后用右弹腿反击对方裆部（见图 3-82～图 3-84）。

图 3-82

图 3-83

图 3-84

要点：在侵害方右横踢腿攻击还未奏效时,快速完成跨步抄抱。弹腿踢裆要狠、准。

七、接腿推掌反击

当侵害方用右横踢腿攻击时,己方迈步用左外抄防守,然后推掌反击对方面部(见图 3-85～图 3-87)。

图 3-85

图 3-86

图 3-87

要点：在侵害方右横踢腿攻击还未奏效时快速完成迈步外抄,迈步与外抄要同步。

八、外抄勾踢反击

当侵害方用右横踢腿攻击时,己方迈步,同时用左外抄防守,然后用右手按压对方颈部,同时,用后腿勾击对方小腿。如侵害方用前横踢腿进攻时,己方使用的防守反击动作一样,但是,方向相反(见图 3-88～图 3-91)。

图 3-88　　　　　　　　　　背面　　正面　图 3-89

图 3-90　　　　　　　　　　图 3-91

要点：迈步、外抄要同步、快速、准确，反击要迅速、有力。压颈与勾踢对方小腿要同步。

九、掩肘横踢腿反击

当侵害方用后横踢腿攻击时，己方用左掩肘防守，然后用后横踢腿反击对方腹部。如侵害方用前横踢腿攻击时，己方用右掩肘防守，前横踢腿反击（见图 3-92～图 3-94）。

图 3-92　　　　　　　图 3-93　　　　　　　图 3-94

要点：防守与反击要协调、连贯。

十、内挂横踢腿反击

当侵害方用后踹腿攻击时，己方用左内挂防守，然后用后横踢腿反击。如侵害方用前踹腿攻击时，己方用右内挂防守，用前横踢腿反击（见图 3-95～图 3-97）。

图 3-95　　　　　　图 3-96　　　　　　　图 3-97

要点：防守要有力，反击要连贯、迅速。

十一、外挂横踢腿反击

当侵害方用后正蹬腿攻击时，己方用左外挂防守，然后用后横踢腿反击。如侵害方用前正蹬腿攻击时，己方用右外挂防守，前横踢腿反击（见图3-98～图3-100）。

图 3-98　　　　　　图 3-99　　　　　　图 3-100

要点：防守及时、有力，反击起腿要快，发力要狠。

十二、外挂蹬腿反击

当侵害方用后正蹬腿攻击时，己方用左外挂防守，然后用前正蹬腿反击。如侵害方用前正蹬腿攻击时，己方使用的防守反击动作一样，但是，方向相反（见图3-101～图3-103）。

图 3-101　　　　　　图 3-102　　　　　　图 3-103

要点：防守要有力，重心落在后腿上，蹬腿反击要迅速。

十三、撤步踹腿反击

当侵害方用前踹腿攻击时,己方撤步防守,然后滑步用前踹腿反击(见图 3－104～图 3－106)。

图　3－104　　　　　图　3－105

图　3－106

要点:撤步要迅速,防守与反击要连贯。

十四、提膝冲拳反击

当侵害方用后横踢腿攻击时,己方提膝防守,然后用前冲拳反击(见图 3－107～图 3－109)。

图　3－107　　　　图　3－108　　　　图　3－109

要点:防守准确,反击及时、有力。

十五、扛腿肩摔反击

当侵害方用左侧踹腿攻击胸部时,己方迅速向右躲闪,双手用抄抱防守,然后右脚向左跨一步,同时下蹲向左转,将对方左小腿扛在己方右肩上,双手抱紧并用力下压,把对方从右肩部向前摔出(见图 3-110～图 3-112)。

图 3-110

图 3-111

图 3-112

要点:抄抱到侵害方左小腿或膝关节处,跨步、下蹲左转,动作要迅速。

第三节 摔法进攻的反击

一、压脖砸颈

当双腿被侵害方搂抱时,己方左手按压对方颈部,右手按压对方左上臂,随后左肘砸击对方后颈部(见图 3-113～图 3-115)。

图 3-113

图 3-114

图 3-115

要点:压颈与压臂同步,左肘砸颈要准、狠。

二、压颈砸背

当双腿被侵害方搂抱时,己方左手按压对方颈部,随后右肘砸击对方后背(见图 3-116～

图 3-118)。

图 3-116　　　　图 3-117　　　　图 3-118

要点:压颈、砸击要连贯、快速、有力。

第四节　匕首行刺反击

一、匕首的握法

(一)正握匕首

正握式持刀方法不易察觉,较隐蔽,但攻击方法与方向变化较单一。

刀柄横握于掌心,刀尖向下或向内(见图 3-119)。

图 3-119　　　　图 3-120

(二)反握匕首

反握式持刀灵活多变,攻击方法较多,攻击方向随持刀手拧转方向而变化。

刀柄横握于掌心,刀尖向前或向上(见图 3-120)。

二、匕首的攻击技法

(一)刺法

1. 上刺

右手正握匕首,由上方向下方刺(见图 3-121 和图 3-122)。

图 3-121

图 3-122

2.下刺

右手反握匕首,由下向上刺(见图3-123和图3-124)。

图 3-123

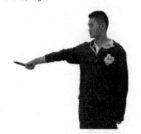
图 3-124

3.侧刺

右手正握匕首,由右向左方刺(见图3-125和图3-126)。

图 3-125

图 3-126

4.反刺

右手正握匕首,由腹部、胸部前方向右前上方刺(见图3-127和图3-128)。

图 3-127

图 3-128

5. 直刺

右手反握匕首,由胸前向前方刺(见图3-129和图3-130)。

图 3-129　　　　　　图 3-130

(二)斜刺

1. 左斜刺

右手正握匕首,由右上方向左下方刺(见图3-131～图3-133)。

图 3-131　　　　图 3-132　　　　图 3-133

2. 右斜刺

右手正握匕首,由左上方向右下方刺(见图3-134～图3-136)。

图 3-134　　　　图 3-135　　　　图 3-136

(三)下劈

右手反握匕首,由头部侧上方向下方劈(见图3-137和图3-138)。

图 3-137　　　　　图 3-138

三、匕首刺杀反击

(一)砍腕拧臂

当侵害方右手反握匕首向胸部直刺时,己方向右躲闪,用右掌拍击对方右手腕,随后右脚上步,用右掌横砍对方颈部右侧,同时左掌向外推开对方持刀右手腕,接着右手抓握住对方右肘部,同时左手抓握住对方右腕部,双手合力向外反拧对方右前臂,并顺势夺刀(见图 3-139~图 3-141)。

图 3-139　　　　图 3-140　　　　图 3-141

要点:横砍对方颈部要准、狠,抓握肘部、抓握腕部要同步。双手要用力反拧对方右前臂,才能夺刀。

(二)击肘踢裆

当侵害方右手反握匕首向胸部直刺时,己方向左躲闪,用左掌向右上方拍击对方右肘部外侧,同时右腿弹踢腿踢击对方裆部,随后左手抓握住对方右肘部,右手抓握住对方右腕部,双手合力向外反扭对方右臂,并顺势夺刀(见图 3-142~图 3-144)。

图 3-142　　　　　　　图 3-143　　　　　　　图 3-144

要点：躲闪要及时，踢裆要准、狠。要用力反扭对方右臂，才能夺刀。

（三）折腕压肩

当侵害方右手正握匕首从上向下刺头部时，己方迅速向左外侧躲闪，左手抓握住对方右手腕部，同时右手配合左手，双手合力折对方手腕并撤步下拉，迫使其倒地，折腕夺刀，接着向左后下方折其手腕并拉臂，用右膝跪压对方肩部（见图 3-145～图 3-150）。

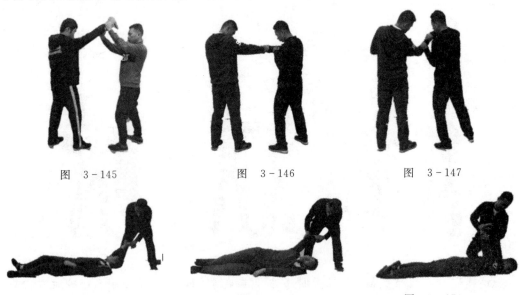

图 3-145　　　　　　　图 3-146　　　　　　　图 3-147

图 3-148　　　　　　　图 3-149　　　　　　　图 3-150

要点：折腕拉臂时，右手扣压住侵害方右肘部，右膝压肩、折腕、折臂同步。

四、折腕压肘

当侵害方右手正握匕首从上向下刺头部时，己方迅速上步，右手抓握住对方右手腕，左手按压其肘部，随后向右后方撤步，同时拉压住对方手臂，迫使对方倒地，跪压锁肩，折腕夺刀（见图 3-151～图 3-154）。

第三章 立站防卫反击

图 3-151

图 3-152

图 3-153

图 3-154

要点：撤步同时拉压对方手臂，倒地后迅速跪压锁肩。

五、抓腕压肘

当侵害方右手反握匕首直刺腹部时，己方左跨步躲闪，同时右手正抓握住对方右手腕，左手由下向上抓握住对方手腕，随后右腿后撤一步，身体下压，左臂压住对方肘关节（见图 3-155～图 3-158）。

图 3-155

图 3-156

图 3-157

图 3-158

要点：左跨步躲闪要及时。双手合力拧臂，压肘时，右手要抓握紧对方右手腕。

六、压腕托肘

当侵害方右手反握匕首直刺胸部时，己方左跨步躲闪，右手反抓握住对方右手腕部，右手反拧，同时左手由下向上托住对方右肘关节，接着左手上托，右手下压（见图3-159～图3-161）。

图 3-159　　　　　图 3-160　　　　　图 3-161

要点：反抓右手腕后迅速反拧，左手托肘同时右手下压对方手腕。

七、插眼膝撞

当侵害方右手反握匕首直刺腹部时，己方迅速用左手向下方拍打对方右前臂，同时右手用食、中二指插向对方双眼，然后对方势必用左手来抓己方右手腕，己方应迅速向内反腕将对方左手向下反拧，同时左手反腕将对方右手腕向右上方掰，接着右手回拉，同时右脚提膝撞击对方腹部（见图3-162～图3-166）。

图 3-162　　　　　图 3-163　　　　　图 3-164

图 3-165　　　　　图 3-166

要点：插向对方双眼时，要把握距离，不能失去重心，面对对方的反击时，左手反腕动作要迅速，连贯。

八、拧臂推肘

当侵害方右手反握匕首直刺腹部时，己方身体迅速后坐，同时右手抓住对方右手腕，随后右手将对方右手向上方拧托，接着右手反手抓住对方右腕并顺势向己方身体左侧掰，同时左手由下向上抓压对方右肘部，将其向己方身体内推（见图3-167～图3-169）。

图 3-167

图 3-168

图 3-169

要点：身体后坐要迅速，同时右手抓腕要准确、有力。右手反腕拧臂、左手推肘动作要同步、有力。

九、击肘打喉

当侵害方右手正握匕首上刺攻击时，己方迅速以左手正抓握对方右手腕，随后向外拧转，接着左脚向左侧跨出一步，右脚落于对方身体后侧，随后右臂由下向上击打对方肘关节，左手将对方右手腕下按外掰，接着用右手掌根或前臂抢打对方喉部或右肩（见图3-170～图3-174）。

图 3-170

图 3-171

图 3-172

自卫防身术实践研究

图 3-173

图 3-174

要点：抓握对方手腕时要迅速、准确，左、右脚跨步时要把握好距离，注意重心。

十、抓腕别臂

当侵害方右手反握匕首挑刺腹部时，己方迅速退步，同时双手右手上，左手下交叉抓握对方右前臂，随后右手抓对方手腕部，接着右后转身，左臂按压对方肩部，同时右手将对方左臂按压于己方左肩部，与己方左臂配合压折对方肘关节，用力将对方压倒，接着左膝跪压对方腰部，同时左、右手按压对方手腕，抢夺匕首（见图 3-175～图 3-179）。

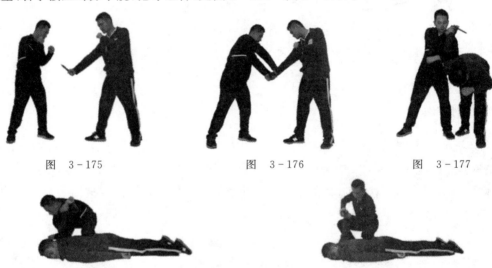

图 3-175　　　图 3-176　　　图 3-177

图 3-178　　　图 3-179

要点：后退步要迅速，把握后退距离。对方左臂在己方肩上要紧压住，使压折对方肘关节更有力度。

十一、抓腕担肘

当侵害方右手正握匕首侧刺攻击时，己方左手架挡防守，随后左手反抓握对方右手腕，接着上右步，身体向左转180°，同时右手抓住对方前臂，配合左手将对方右肘部担于右肩，双手下拉，肩上顶（见图 3-180～图 3-184）。

图 3-180　　　　　图 3-181　　　　　图 3-182

图 3-183　　　　　图 3-184

要点：左架挡要有力，抓握动作要迅速、连贯、准确，上步距离把握好，身体转体速度要快，双手下拉同时肩上顶。

十二、打肘扭臂

当侵害方右手反握匕首下刺腹部时，己方左手向下抓握住对方右手腕，右手小臂由下向上击打对方肘关节，同时，左脚侧移，再向对方右后侧上右步，随后反拧对方右臂，右手按压住对方右肩，左手上推对方右手腕部夺刀（见图 3-185～图 3-187）。

图 3-185　　　　　图 3-186　　　　　图 3-187

要点：当匕首刺来时，己方左手要迅速、准确地抓握住对方右手腕部。击打肘部要狠，动作要协调、连贯。

十三、托腕蹬腿

当侵害方右手反握匕首从上向下劈头部时,己方双手合掌迅速向上托击对方右腕部,随后用右蹬腿反击对方腹部(见图3-188~图3-190)。

图 3-188

图 3-189

图 3-190

要点:当匕首劈来时,己方要快速上托对方手腕部,右蹬腿要用力反击。

十四、推腕拉肘

当侵害方右手反握匕首直刺腹部时,己方迅速收身后移,同时左手抓握住对方右手腕部,左手内旋拧转对方右手腕,同时右手由下向上抓握住对方右肘关节,随后左手外推,右手内拉夺刀(见图3-191~图3-194)。

图 3-191

图 3-192

图 3-193

图 3-194

要点:当匕首刺来时,己方要快速反应,迅速收身后移。左手外推、右手内拉要同步。

十五、提臂打穴

当侵害方右手反握匕首直刺胸部时,己方左跨步躲闪,右手反抓握住对方右手腕部,随后上提右手手腕,接着左手指直戳对方右腋下极泉穴(见图3-195～图3-197)。

图 3-195　　　　　　图 3-196　　　　　　图 3-197

要点:当匕首刺来时,己方跨步躲闪要及时。抓腕、上提手腕、戳对方极泉穴动作要连贯,戳穴位要准确。

第四章 地躺防卫技法

第一节 地战技法

作用：用于被侵害方按倒在地时的挣脱及反击。

一、平移前行

身体自然平躺，双手抱拳于胸前，左腿屈膝，左脚踏地，身体右转，左脚用力蹬地向上移动，随后，右腿屈膝，右脚踏地，身体左转，右脚用力蹬地向上移动，反复进行（见图 4-1～图 4-4）。

图 4-1   图 4-2

图 4-3   图 4-4

要点：用力蹬地，转身、蹬地上移要协调。

二、平移转动

（一）顺时针平移转动

身体自然平躺，双手抱拳于胸前，双腿屈膝，两脚踏地，以腰部为轴，左脚发力，右脚跟上依次用力，顺时针转动（见图 4-5～图 4-7）。

图 4-5

图 4-6

图 4-7

要点：两脚配合要协调。

（二）逆时针平移转动

身体自然平躺，双手抱拳于胸前，双腿屈膝，两脚踏地，以腰部为轴，右脚发力，左脚跟上依次用力，逆时针转动（图4-8～图4-10）。

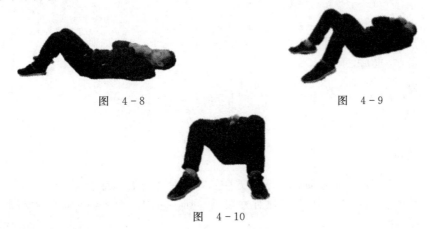

图 4-8　　　　　　　　图 4-9

图 4-10

要点：两脚配合要协调。

三、平移翻身

身体自然平躺，双臂屈于胸前，两手掌相对，双腿屈膝，两脚踏地，左脚蹬地身体右转双手置于右耳侧撑地，随后左脚继续蹬地身体继续右转俯卧于地面，接着双腿屈膝跪地，同时双手撑地（见图4-11～图4-15）。

图 4-11　　　　　　　　图 4-12

图 4-13　　　　　　　　图 4-14

图 4-15

要点：双手撑地翻转时，身体成弓状并收腹、收下颌。

第二节　地战反击方法

以下方法从平躺地面、双腿屈膝、双脚踏地开始，动作方法参见第二章相关内容。
（1）地战拳法：直拳、掼拳、抄拳。
（2）地战腿法：蹬腿。
（3）地战肘法：顶肘、挑肘。
（4）地战膝法：撞膝、顶膝。

第三节　地战反击技法

一、拉臂蹬腿

当被侵害方推双肩后仰倒地时，己方双手交叉抓握住对方双手向后拉，右腿屈膝抬起，趁对方前倾失去重心之机，双手用力掰开对方双手，同时，右腿向对方躯干部猛力蹬击，将对方摔出（见图4-16～图4-18）。

图 4-16

图 4-17

图 4-18

要点：倒地瞬间屈膝，要抓住、握紧对方双手，用力后拉。必须使对方失去重心，方可完成后续动作。

二、推颌压脖

当被侵害方推倒后仰倒地，侵害方在己方身体左侧跪地卡脖时，己方右手扣抓握住对方下颌用力推击，随后己方右脚扣住对方脖子用力伸腿下压，同时双手抓握住对方左手向上拉（见图4-19～图4-21）。

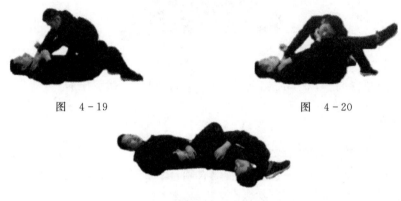

图 4-19　　　　　　　　　　图 4-20

图 4-21

要点：推击下颌后，迅速用脚扣脖、伸腿下压，动作要连贯。压脖同时用力上拉对方左手。

三、转身锁脖

当被侵害方推倒后仰倒地，侵害方跪地双手掐脖时，己方双手由内向外格开对方双手，随后身体左转，右臂由后缠绕对方颈部，同时左手卡锁住对方喉部（见图4-22和图4-23）。

图 4-22　　　　　　　　　　图 4-23

要点：左、右手合力卡锁住对方脖子。

四、蹬髋压肘

当被侵害方推倒后仰倒地，侵害方跪地双手掐脖时，己方双手抓握住对方双手腕部，屈膝收双腿，双脚分别蹬抵住对方左右髋关节处，随后双脚猛力蹬出，同时双手向上拉对方双臂，接着身体向右侧翻转，双手抓握住对方右手腕部，左腿向右摆压住对方右肘部（见图4-24～图4-26）。

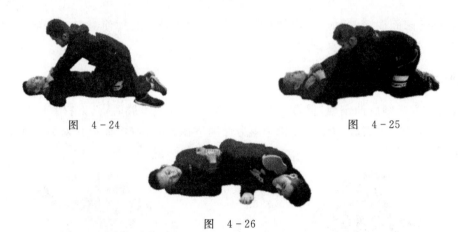

图 4-24　　　　　　　　　　图 4-25

图 4-26

要点：蹬腿与拉臂同步，双脚蹬出后，要迅速侧翻转身体，摆腿压肘。

五、翻转掐脖

当被侵害方推倒后仰倒地，侵害方跪地双手掐脖时，己方双手分别抓握住对方左、右手腕，随即左手拉开对方左手，右手抓握住对方右侧衣领，随后右脚蹬住对方左髋关节处，双手和右脚合力向左用力，将对方向左侧蹬翻，接着骑坐对方，左手压腕，右手掐脖（见图4-27～图4-30）。

图 4-27　　　　　　　　　　图 4-28

图 4-29　　　　　　　　　　图 4-30

要点：动作要连贯，蹬翻对方后迅速顺势骑坐对方。

六、挤肘翻转

当被侵害方骑压掐卡脖子时，己方双手合掌，用前臂扣住对方双手肘关节外侧并用力向内挤压,随后身体向左侧翻转,双臂继续紧扣并向左侧带,将对方向左侧摔出(见图 4-31 和图 4-32)。

图 4-31　　　　　　　　　图 4-32

要点:用力挤压对方肘关节,身体翻转与向左侧带同步。

七、翻滚拧臂

当被侵害方骑压掐卡脖子时,己方右手抓握住对方左手腕部,左手抓握住对方左肘部外侧,双手同时用力,左手向左拉,右手向右掰,趁对方疼痛而向己身体左侧跌下之时,己方身体顺势向左翻滚压住对方,随后左手抓握住对方左掌背,右手按压住对方左肘部内侧,随即左手折对方左手腕部(见图 4-33~图 4-35)。

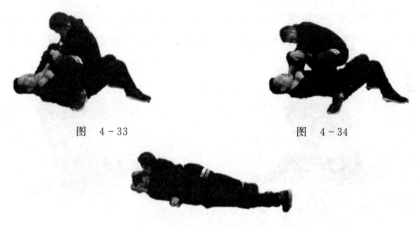

图 4-33　　　　　　　　　图 4-34

图 4-35

要点:双手同时用力,要有力度,才能使对方侧跌,翻滚、抓掌、压肘、折腕要协调。

八、撞膝翻转

当被侵害方推倒,并且侵害方用右脚向头部踩踏时,己方迅速抓抱住对方左小腿,用左肩用力撞击对方左膝关节,随后身体向右转身翻滚至仰卧,左手抱压对方左膝关节,右手抓握住对方左脚踝关节处并上提(见图 4-36~图 4-38)。

图 4-36　　　　　图 4-37

图 4-38

要点：撞膝要猛、狠，翻滚后迅速压膝，提脚踝。

九、蹬髋踢裆

当被侵害方被推倒仰卧，侵害方站立掐脖时，已方双手分别抓握住对方左、右小腿后部，双脚分别蹬住对方左、右髋关节处，随后双手后拉，同时，双脚向前蹬出，接着坐起身蹬击对方裆部（见图4-39～图4-42）。

图 4-39　　　　　图 4-40

图 4-41　　　　　图 4-42

要点：抓抱紧对方小腿，双腿猛力蹬髋。后拉小腿与蹬髋同步，蹬击裆部要准、狠。

第五章 人体的基本知识

第一节 人体易遭受损害的部位

一、头部

（一）太阳穴

（1）打击太阳穴容易造成骨折。太阳穴是颅骨骨板最薄弱的部位，受到打击或挤压，很容易造成骨折，骨折后可直接影响脑的功能。

（2）打击太阳穴容易引起颅内血肿。太阳穴处的颞骨动脉沟和骨管构成了一个明显的薄弱带，打击太阳穴，容易在这条骨沟上造成骨折，也容易造成骨沟内的脑膜中动脉损伤，引起颅内血肿。

（3）打击太阳穴容易造成脑膜中动、静脉损伤。太阳穴深层颅内有众多的出血来源，暴力打击太阳穴，不仅可以因颅骨颞鳞部骨折损伤脑膜中动脉，而且可以在颅骨完好的情况下，损伤脑膜中的动、静脉，在中颅窝基底部形成硬膜外血肿。脑膜中动脉破裂，可使人立即陷入昏迷，昏迷后的间歇清醒期极短，多则不足 1h，少则只有 10min，常常在损伤 2h 后完全昏迷。如果伤后 6h 仍不能有效止血，即可致命。脑膜中动脉破裂形成血肿，不仅十分迅速，而且后果非常严重。

（4）打击太阳穴容易破坏人的平衡。暴力打击太阳穴，会震动大脑颞叶的位听中枢，使位听中枢受到强烈刺激，造成一时性的平衡感觉丧失，全身肌肉紧张，调节紊乱。同时，也会刺激太阳穴下的神经，使人头晕、目眩、两眼发黑，不能维持正常平衡。

（二）眼睛

眼睛是人体最脆弱的器官。

（1）眼球受到钝力打击或钝器从眼球表面划擦而过，可致使眼球外层的角膜破裂或脱落。使人眼部剧痛、怕光、眼睑无法睁开，视功能严重障碍。除剧痛外，眼球受压迫会引起心跳减慢，进而导致四肢无力，反应能力和应变能力下降。

（2）用拳击打眼部或用指端及其他锐器指戳眼窝，可致使眼球球体破裂，眼内大量出血，眼内容物突出，视力完全丧失。

（三）鼻、面三角区

1. 鼻损伤引发的危险

（1）鼻骨损伤常常累及鼻窦损伤，鼻窦损伤一般比鼻骨损伤更为严重。鼻窦损伤常常形成颅底骨折,使脑脊液从鼻腔外漏;上颌窦顶壁的裂伤,可造成眼球内陷,出现复视;筛窦损伤,可因视神经受到压迫而造成视力障碍,甚至失明。鼻窦裂伤使颅底骨与鼻腔相连通,脑脊液外漏使外界细菌随时可逆行侵入大脑,导致脑膜发炎,稍有不慎,就可能造成生命危险。

(2)鼻损伤发生时,疼痛十分剧烈,对鼻部进行钝性暴力击打,可将鼻骨击碎,甚至会造成下眼眶骨折或压迫泪骨,可致使鼻窦酸疼,泪流不止,造成暂时视力障碍。

(3)鼻腔出血的危险。鼻内出血,流经咽喉,引起误吸。

2.面三角区破损引发的危险

面三角区一旦出现破损,外界细菌极易通过面部静脉,向整个头、面部扩散,并沿面部静脉上行侵入颅内,引起颅内感染,诱发脑膜发炎,导致生命危险。因为在面三角区内,以静脉血管的分布较多,面部静脉结构特殊,都没有静脉瓣,容易造成血液逆行。而面部静脉血液的回流,多要经过面深静脉及眼内静脉进入颅内海绵窦。

(四)耳门

耳分为内耳、中耳和外耳。外耳包括耳郭、外耳道、鼓膜三个部分。声波传入耳道,首先要经过耳膜。中耳位于内、外耳之间,起着传导声波的作用。内耳由骨迷路和膜迷路构成,分为感受听觉的部分和感受空间体位变化的部分。

(1)内耳迷路震荡。内耳在受到严重打击下,可以形成内耳迷路震荡,致使内耳迷路出血,出现晕眩、恶心或短暂的昏迷,并使前庭器官的平衡机能遭到破坏,感觉出现偏差、站立不稳、无法掌握平衡。内耳迷路震荡所造成的昏迷,不同于脑震荡,不仅意识容易恢复,而且前庭器官的机能也容易得到代偿。因此,内耳迷路震荡后的昏迷只是暂时性的。

(2)中耳鼓膜破裂。用掌根击打耳门,可以因外力震荡和气浪的冲击造成中耳鼓膜破裂,引起耳内出血、疼痛、耳鸣和听力丧失,有时还会伴有头晕、恶心、休克等症状。

(五)耳根部

耳根部即耳垂后根部,在耳垂后,下颌角以上,颞骨乳突以下的凹陷处。耳根部皮下缺少皮下组织,肌肉、皮肤极薄。耳根是从头侧面的部位上接近颅底和延髓。

(1)打击耳根部,会造成颅底受到震荡,很容易波及延髓,使脑干受到震荡,牵拉或发生侧向位移,引起心跳突然减弱、减慢,血压下降,呼吸短促、困难,造成生命危险,甚至会出现严重的昏迷或心跳,呼吸骤停,使人立即毙命。严重的颅底震荡,有时还会造成颅底骨折,颅底骨折一般都会造成昏迷,并使脑脊液自耳道漏出。

(2)掐拿耳根。耳根是一个极为敏感的部位,掐拿耳根会发生剧烈疼痛,用力掐拿可使人晕厥。

(六)脑枕部

脑枕部是指后脑枕骨粗隆上下这一部位。脑枕部与后颅窝相对应,向下与颈部没有明显的界限,被民间列为"致命穴"。

(1)打击脑枕部易引起颅内损伤,此部位历来被视为人体的要害。

(2)脑枕部遭打击极易形成脑震荡,是承受外力冲击能力最差的一个部位。

（七）颏部

颏部是下颌底部的下颌骨下缘与下颌支前缘及上部颈根之间围成的一个三角区。颏部又称为颌下三角区，或称颌下角。颏部向下与颈部相连，向上通过下颌头与颅腔底部相连。下颚两侧的下颌头与颅底部的颞骨下颌窝共同组成下颌关节。下颌关节的存在，使得颌下角与颅腔底部在骨结构上形成了紧密的联系。

在颌下三角区正中，有一个任脉的廉泉穴。自古民间就有"击打廉泉穴，气绝一命休"的描绘。廉泉穴被击打常常造成头部的摆动和震荡使人跌倒，又被民间称为"跌倒穴"。

(1)颌下角被打击，会引起颅底骨折，往往发生没有直接损伤的口、鼻出血，并有脑脊液耳漏或脑脊液鼻漏；严重的颅底骨折常常合并较为严重的脑挫伤，会出现头晕、头痛、恶心、呕吐和不同程度的昏迷。

(2)颌下角被打击会直接形成颅底部损伤。

二、颈部

（一）颈后枕下三角区

颈后枕下三角区是指颈后发际以上，枕骨粗隆以下，颅、颈交界的部位。头、颈之间形成了一个明显的斜坡，深层为颅底的枕骨斜坡。枕骨斜坡上的肌肉在皮下围成了一个三角，称为枕下三角区。经络之上的"风府穴""天柱穴"和"藏血穴"这些被民间视为要害的穴位，都在这一区域。

(1)颈后砍切伤可造成难以抑制的大出血。

(2)颈后枕下三角区被打击容易引起颈椎损伤，造成颈椎骨折、脱位，压迫脊髓神经，引起四肢麻痹、高位截瘫。

（二）颈侧颈动脉三角

颈动脉三角位于胸锁乳突肌前线的颈内侧三角中。颈动脉陷于颈动脉三角处，接近皮下，颈总动脉再次分支为颈内动脉和颈外动脉。在颈侧的颈动脉三角处，能用手触摸到颈动脉的搏动。

(1)打击或压迫颈动脉三角，会刺激颈部的迷走神经，对心跳和呼吸产生双重作用。迷走神经受到刺激后，会将兴奋传入延髓的迷走神经中枢，反射性地引起心跳减慢、心力减弱，血压大幅度下降，同时还会引起长时间的反射性闭气，使呼吸突然中止，甚至引起心力衰竭和呼吸骤停而导致死亡。

(2)打击或压迫颈动脉三角，颈动脉窦承受的压力刺激会通过延髓的心血管中枢，反射性地引起心脏功能抑制或心脏功能衰竭，使心率骤减、心力衰弱、血压迅速下降，并因脑供血、供氧不足而很快昏厥或死亡。如果同时压迫两侧的颈动脉窦，在几秒钟内就可以使人昏迷。

（三）喉结

人的喉结是由十一块软骨作支架组成的。其中，最主要、最大的一块叫甲状软骨。青春期，男性两侧甲状软骨板的前角上端增大，并向前突出形成成人喉结。

(1)持续压迫喉结可使呼吸、循环受阻。锁喉、扼喉、勒颈、以掌指持续地压迫喉结,一般并不能使人立即致死,多需要经过一段时间,死亡速度比较缓慢。无论是压迫呼吸道,使肺通气受阻,还是压迫动、静脉血管,使脑循环血液受阻,都会由于脑血流中二氧化碳浓度不断升高,引起大脑缺氧而导致死亡。

(2)打击喉结可以立即致死。强力打击喉结,会刺激喉上神经和食管迷走神经丛产生强力兴奋,传入延髓,引起反射性闭气、突然窒息、心率锐减、血压下降,甚至引起呼吸、心搏骤停而立即导致昏迷或死亡。

(四)咽喉

咽喉是人体循环系统、传导系统、经络必经的隘口,是人体与外界环境沟通的门户,是连接大脑中枢与脏腑肢体的桥梁和纽带,其功能是吞咽食物和发声,它是人体的重要器官之一。

如果咽喉阻塞,可以造成血液不能及时给头部补养,使人体出现头昏眼花,耳鸣失聪,甚至危及生命。天突穴位于咽喉部,在前正中线上,两锁骨中间,胸骨上窝中央。用食指持续地用力掐拿天突穴,可以使气管、无名静脉、迷走神经和膈神经同时受到压迫,造成呼吸受阻、静脉回流受阻、脑缺氧和神经反射作用,使人窒息或昏迷。

三、胸部

(一)胸壁心前区

(1)暴力打击胸壁心前区可以引起心脏震荡。轻微震荡可以造成一时性的功能障碍,使人心传导功能紊乱、心跳间歇、心律失常、心悸无力,以及心前区绞痛,导致人晕倒或者失去抵抗能力。严重的心脏震动可以造成心肌挫伤(心脏表面瘀血)或心壁破裂,使人严重心律不齐,甚至伴有呼吸和心跳停止。

(2)暴力打击可以引起肋骨骨折。心前区是整个胸壁最薄弱的部分。固定于肋骨前后端,活动度很小,缓冲力极差,遭暴力打击,很容易引起肋骨骨折。

(二)心后区

暴力打击心后区,可以破坏心传导系统的功能。打击两肩胛骨之间的心后区,可强烈刺激胸椎段的交感神经中枢,并通过交感神经的反射作用,影响心传导系统的功能,使心脏的自律性遭到破坏,使人心律不齐、心悸不清,严重者会引起心力衰竭和闭气,甚至窒息。

四、腹部

当暴力打击腹部时,腹部肌肉迅速收缩,腹壁就会随之变得坚硬,如果打击力度大于腹肌的力,那么,外力就会透过胸壁侵及内脏,使内脏发生损伤。如果腹肌在遭外力打击的一瞬间未收缩,轻微的暴力也可以透过腹壁,侵害腹内脏器,造成内脏损伤。

(一)腹前三角区

在上腹部中区,胸骨剑突以下,有一个以两侧肋骨边缘为界,下口开放的三角区。这一三角区被称为骨下角或腹上角,通常又被俗称为心窝或心口。

腹部神经极其丰富,支配各脏器的交感神经和副交感神经,彼此交错成神经网络。在腹腔内形成了很多神经丛,其中最主要的神经丛为太阳神经丛,刺激腹腔太阳神经丛,可引起强烈的神经反射。重力打击肚脐以上的上腹部,尤其是打击胸骨剑突下的心窝处,可立即引起剧烈的腹痛,使人不能呼吸,不能直立,腹肌痉挛,瘫倒在地。重力打击心窝处,可以击断胸骨剑突,引起腹腔内大量出血,甚至造成更严重的后果。

(二)左软肋

脾脏位于左侧软骨下,脾脏质地缺乏弹性,极为脆弱,脾脏表面被膜也非常薄。脾脏不仅是人体重要的造血器官,而且是人体重要的储血器官,具有防御和免疫的功能。重力打击左上腹,可以使脾脏于腹腔内发生大的移位,引起脾破裂或脾韧带和脾被膜撕裂,也可以因左上腹8~11肋发生骨折,骨折断端刺伤脾被膜和脾实质,造成脾破裂。

(三)右软肋

右软肋位于上腹部肝区。肝脏是人体中最大的腺体,直接参与物质代谢,是机体主要的产热器官,并有解毒的功能。肝脏也是人体最大的造血和储血器官,是人体最大的实质性脏器。其体积较大,固定较差;肝脏本身质地脆弱,缺少弹性。重力打击右上腹,可以使肝脏移位,因肝脏发生扭转而破裂,也可以使右季肋骨骨折。此外,强烈的震荡和牵拉作用,也能造成肝破裂。

五、会阴

会阴,是一个特殊部位,不仅是人的生殖器官,而且是神经、血管分布最为密集的地方。会阴的主要神经血管为阴部神经和阴部内动脉。阴部内动脉和阴部神经,在会阴深部相互伴行,并于此向表皮发出许多细小的动脉分支神经末梢。

广义的会阴系指盆腔底部。盆腔底部由皮肤、筋膜和肌肉等软组织构成,前方以耻骨联合为界,后方以尾骨尖为界,两侧以坐骨结节为界,外观为一个菱形。两侧坐骨结节的连线将会阴分为前、后两个三角。前方的三角为生殖三角,后方的三角称肛门三角。狭义的会阴是指肛门与外生殖器之间的部位。

(一)男性外生殖器

男性生殖器官在会阴生殖三角,暴露于腹腔外。外生殖器包括阴茎和阴囊。阴囊是腹壁的膨出部分,容纳着一对睾丸和附睾。睾丸表面有一层韧性很强的蓝白色被膜,叫作睾丸白膜。白膜对睾丸起着重要的保护作用,使睾丸不致轻易变形。睾丸神经丰富,对外界的温、压触觉极其敏感。以膝顶、脚踢男子裆部或以手揪、掐阴囊,可造成阴囊挫伤或睾丸破裂,轻则疼痛难忍,重则会发生神经性休克,甚至引起死亡。

阴囊受到轻微打击,睾丸便会反射性地向上收缩,以缓冲打击力量。睾丸上缩可以从阴囊内脱离进入腹腔,引起血流中断。长时间的超常温度和缺血,不仅影响精子生成,而且导致睾丸组织坏死。睾丸受打击后上缩,会使人疼痛不堪、弯腰倒地,甚至休克。由于阴囊表皮疏松、血管丰富,遭打击后,阴囊血肿常常比较严重,而且出血易于扩散,有时出血能蔓延至腹部及整个会阴。

重力打击时,睾丸可以在外力作用下,与耻骨和坐骨相碰撞,发生破裂。以五指用力揪、掐阴囊,也可将睾丸挫碎。睾丸损伤后,阴囊及会阴部会产生剧烈疼痛,阴囊持续肿大,并出现恶心、呕吐,以及严重休克,甚至可以当即致死。因此,攻击裆部可以轻易使人失去抵抗能力,放手任人摆布,也可轻易置人于死地。

(二)女性会阴

女子会阴也是一个十分敏感的部位。攻击挡部易致外阴出血,并产生剧烈疼痛,严重的也会引起休克。但后果一般不如男子严重。

六、人体的植物性神经

植物性神经一般指分布于内脏、血管和腺体的运动神经。植物性神经根据机能和部位,分为交感神经和副交感神经两部分。

(1)主要的交感神经丛有颈内外动脉丛(分布于颈动脉、汗腺、唾液腺、瞳孔扩大肌等)、心丛和肺丛(分布于心肺等处)、腹腔神经丛(分布于胃、肠、肝、脾、肾、胰等处)、盆丛(分布于直肠、膀胱和子宫等处)。交感神经的作用是,使心跳加快、加强,使胃肠的活动减弱,瞳孔扩大。

(2)副交感神经主要分布于泪腺、瞳孔括约肌、睫状肌、心、肺、消化道、肝、脾、肾、胰、膀胱等处。副交感神经中以迷走神经为最大、最长,分布范围最广。副交感神经的作用是使心跳减慢、减弱,使胃肠活动加强,瞳孔缩小。

交感和副交感神经的作用,从表面上看来,是互相对立的,实际上,是统一的、相互依存的。这两种神经共同活动,在神经中枢的调节下,保证人体更准确地适应环境。在格斗中,人的交感神经兴奋,因而心脏的搏动加快,血液循环加快,呼吸运动加强,汗腺分泌增多,骨骼肌内血管扩张,以进行肌肉活动;同时,副交感神经也参加活动,它抑制某些不必要的器官的活动,以保证人体的运动器官等全力以赴地投入工作。一旦人体的某个部位受到重击,会使交感和副交感神经产生反应,轻则疼痛,重则引起机能活动性障碍,使人产生暂时性自我保护现象,出现人的肢体或部位运动不便,从而失去战斗力,严重的会出现暂时性休克现象。

七、骨骼

(一)锁骨

锁骨横于颈部和胸部交界处,全长于皮下均可摸到,是重要的骨骼标志。锁骨上面光滑,下面粗糙,形似长骨,但无骨髓腔,可区分为一体两端。中间部分是锁骨体,内侧2/3凸向前,外侧1/3凸向后。内侧端粗大,与胸骨柄相关节,称为胸骨端;外侧端扁平,与肩胛骨的肩峰相关节,称肩峰端。锁骨支持肩胛骨,使上肢骨和胸廓保持一定距离,利于上肢的灵活运动。由于位置表浅,锁骨易骨折,并多见于锁骨中、外1/3交界处。

如跌倒时,手或肘部着地,或者肩部着地,锁骨外端易造成骨折;直接外力对其部位中、外1/3处进行撞击,易造成粉碎性或横行骨折。

(二)胸骨

胸骨为细长的扁骨,上宽下窄,位于胸前壁正中,从上至下,分为胸骨柄、胸骨体和剑突三部分。胸骨柄的上缘中部有颈静脉切迹,两侧有锁切迹连接锁骨。胸骨柄与胸骨体相接处形成微向前凸的角叫胸骨角。胸骨体两侧边缘有与第1～7肋软骨连接的肋切迹。剑突在胸骨的最下方,末端游离。

由于暴力冲撞或钝器碰击胸骨,轻者可造成胸壁软组织损伤,重者可出现胸骨骨折,多伴有胸膜腔内器官或血管损伤,导致气胸、血胸。开放性损伤造成的开放性伤口直通胸腔,脏器损伤(心、肺、大支气管等),可出现开放性气胸和(或)血胸,影响呼吸和循环功能。打击胸骨剑突,可立即引起剧烈疼痛,使人不能呼吸和直立、腹肌痉挛、昏迷,重则可死亡。

(三)肱骨

位于臂部,是典型的长骨,可分为一体二端。上端有半球形的肱骨头,与肩胛骨的关节盂相关节。在肱骨头的外侧和前方各有隆起,分别称为大结节和小结节,两者之间的纵沟为结节间沟。下端处稍细,称外科颈,为较易发生骨折的部位。肱骨体中部外侧有一粗糙隆起,称为三角肌粗隆。在肱骨体的后面有自内上斜向外下的浅沟,称桡神经沟,有桡神经通过,故肱骨中部骨折可能伤及此神经。肱骨下端前后扁平,末端有两个关节面,靠内侧的是肱骨滑车,靠外侧的是肱骨小头,滑车后面上方有一鹰嘴窝。下端的内、外侧部各有一突起,分别称为内上髁和外上髁。内上髁的背面有一浅沟,为尺神经沟,有尺神经通过,当内上髁骨折时,容易损伤此神经。

肱骨骨折常发生于肱骨外科颈、肱骨干、肱骨髁上。多由直接暴力和间接暴力所引起。例如,重物撞、挤压、打击及扑倒时,手或肘部着地,暴力经前臂或肘部传至各部位。

(四)尺骨与桡骨

1.尺骨

位于前臂的内侧部,上端粗大,下端细小。上端有两个突起,后上方的较大,称鹰嘴,是肘后部的重要体表标志,前下方的较小,称冠突,两突起间半月形的关节面称滑车切迹,与肱骨滑车相关节。冠突的外侧面有一凹面,称桡切迹,与桡骨相关节。冠突前下方的粗糙突起为尺骨粗隆。尺骨下端稍膨大,称尺骨头,尺骨头的后内侧有一个向下的突起称茎突。尺骨从鹰嘴到茎突,在前臂背面的皮下可以摸到。

2.桡骨

位于前臂的外侧,上端细小,下端粗大。上端有圆盘状的桡骨头,其上面有关节凹与肱骨小头相关节。头的周围有环状关节面与尺骨的桡切迹相关节。头下方为缩细的桡骨颈,颈下方的前内侧有桡骨粗隆。桡骨下端外侧缘形成茎突,内侧有凹形关节面称尺切迹,与尺骨头相关节。下端的下面有凹陷的腕关节面,与腕骨相关节。

桡骨下端关节面2～3cm处是松质骨与密质骨交界处,即解剖薄弱处,易骨折。当跌倒时,腕关节背伸,手掌着地,前臂旋前,即可发生桡骨下端伸直性骨折。当抓握对方手腕极度扭转前臂,也很容易将桡、尺骨折断。

(五)足骨

足骨包括跗骨、跖骨、和趾骨三部分。

1. 跗骨

跗骨位于足的后半部分,全部为短骨,共七块,分别为跟骨、距骨、足舟骨、骰骨和三块楔骨。其中,跟骨与距骨最大。

(1)跟骨。最大,位于足的后下部,在距骨的下方。跟骨的后端突出部分,称为跟结节。跟结节的后部与跟腱相连,下部支撑地面。

(2)距骨。位于跟骨上方,小腿骨的下方。距骨上面有滑车形关节面,称为距骨滑车,其特征为前宽后窄。距骨滑车两侧都有关节面,分别与小腿骨的内、外踝关节面相接。距骨的前面和下面的关节面,分别与足舟骨和跟骨相连。

2. 跖骨

跖骨共五块,全是小型长骨。跖骨相当于手的掌骨,但是比掌骨粗大,尤其是第一跖骨,特别粗。

3. 趾骨

趾骨共十四块,与手的指骨相似,但较指骨短小,拇趾骨特别粗壮。若足部被强力内翻或外翻,也可引起踝内、外侧韧带被牵伸而扭伤,或部分撕裂,可使距骨发生骨折或脱位。若距骨颈骨折后,距骨体因循环障碍,可发生缺血性坏死。

第二节 人体的要害穴位

中医学认为,人体是一个以脏腑经络为核心的有机整体,各脏腑组织之间是互相联系、互相影响、互相促进的。人体与自然界是密切相关、对立统一的整体。人体的各个部分是有机联系的,这种联系是以五脏为中心,通过经络的沟通和联系,将人体各脏腑、孔窍,以及皮毛、筋肉、骨骼等组织紧密地联结成一个统一的整体。

中医的五脏是指心、肺、肝、脾、肾,六腑是指胃、胆、小肠、大肠、膀胱、三焦。五脏主要是贮藏精气,六腑主要是消化食物,吸收其精华,排除其糟粕。

经络是经脉和络脉的统称,是运行气血的通路,内属于脏腑,外络于肢节,沟通内外,贯通上下,将人体各部的组织器官联系成为一个有机的整体。经犹如直行的径路,是经络系统的主干。络则有网络的含义,是经络的细小分支。

经络,行气血,通阴阳,沟通表里内外。经络周布全身,具有运行气血、濡养身体、抵抗外邪、保护身体的作用,用于保持人体机能活动的协调和平衡。这种平衡一旦遭到破坏,比如,气血稍有不顺,气血封闭不动时,就会导致身体的损害。

一、穴位

穴位为针灸学名词,是人体"经络"与外界相通的"门户",是气血输出、输入的通道,是体表与脏腑相联通的部位,是接受刺激反应比较强烈的特定部位,也称腧穴。腧与"输"相通,有转输的含义,"穴"是孔隙的意思,因此,腧穴又称为孔穴、穴位、骨孔和砭灸处等。人体的腧穴很多,大体上可分为经穴、奇穴和阿是穴三类。

中医学认为,气血在体内是按照一定的路线循环运动的,并遍布五脏六腑各个地方。这个路线正经十二脉(肺经、大肠经、胃经、脾经、心经、小肠经、膀胱经、肾经、心包经、三焦经、胆经、肝经),再加上"督脉"和"任脉",就是平常所说的"十四经"。

那么,分布于十二经脉和任、督二脉的循环路线上的穴位称为十四经穴,简称经穴。十二正经的走向为:①手三阴经从胸沿臂内侧走向手;②手三阳经从手沿臂外侧走向头;③足三阴经从足沿腿内侧走向腹;④足三阳经从腹沿腿外侧走向足。十二经络中的气血运行,首先从手太阴经开始,依次传至足厥阴肝经,再传至手太阴肺经,首尾相贯,如环无端。

奇穴是后世发现的,具有固定穴名、固定部位及特殊功能,但是没有分布在十四条循行通路上,或尚未被划归十四经内的穴位,又称为外穴或者经外奇穴。

阿是穴是过去在查病切诊过程中,当触压到患者病灶最痛的地方时,患者发出"啊"的呼叫声,此处便是需要治疗的穴位,起名为阿是穴,又称痛点、痛应穴、天应穴。

下面介绍武学中的点穴。

(一)点穴法

点穴或打穴是根据经络脏腑的生理变化,在人体相关穴位上可产生一定反应的原理,运用拳、指、肘、膝等骨梢击打人体某些薄弱部位和敏感部位即主要穴道,致使对手气血阻塞,脏腑与气血对应产生离合,造成气滞血瘀,体内阴阳失衡,使其产生麻木、酸软或疼痛难忍,失去抵抗能力,造成人体行为障碍,从而制伏对手的一种技击方式和技法。点穴中取的穴位不是人体所有的穴位,而主要是取人体上的腧穴,大都在皮肤和肌肉间。

例如,刺激手上的"合谷"穴可以影响到头面;刺激小腿的"足三里"穴,可以影响到肠胃;点打"少海穴",因其属手少阴心经,势必导致气不足,影响心脏功能,并会出现心烦、惊悸、多梦,严重时还可出现昏迷、痴呆等精神失常的症状;足阳明胃经的某个穴位受伤,因气血不畅,胃将失去功能甚至萎缩,最后不能吃喝而死亡。但是,点打穴位应在对手放松时,对松弛部位的穴位突发进攻,若对手有防备,则会肌力收缩肌肉隆起,抗击打能力增强,致使点打穴位攻击不畅,点打穴位效果不佳。

另外,对于人体没有掩盖的外露穴位或身穿春夏装时,点打较为便利,而对于着冬装的人,点打内藏穴位较难。因此,必要时可利用短棍、小尺子、钥匙等物品点打穴位。值得注意的是,武林诸多拳种记载人体有致命穴,实际是过分夸大其功效,并非击打致命。但是不可否认,攻击要害穴位,对人体必有伤害。

(二)点穴的要求

(1)认穴。要熟知人体十二正经,任、督脉的起止路线,以及穴位、穴名,归属经线、时间所注此经和不同时间流注穴位的内容。如气血之头在某时应在何穴,在某时流经何穴,始自何时几刻,又终止于何时等。因此,习练者要经常钻研点穴之理,依理推之,逐穴求之,才有所得。

习练者还须深知气血循环,如行之某经是逆行还是顺行,是向上还是向下,是向左还是向右等。

(2)知行。要熟知人体诸经的气血循行轨道及其变化,气血循行在何时经何经络,注入何穴,顺逆凝滞,缓急多少等,必须辨其明,知其详,方能得心应手,点之即中。如武学曰:"气未到,血已过。"就是说未点在气血头上,任凭指上功夫高,也难以有实效。

(3)练功。修炼内功,调理气血,增强出击的速度,习练攻击技法的硬功,通过禅功、鹰抓功、插沙功等,增加技法攻击的力度和硬度。

(三)点穴的季节时辰变化

武林医学认为,自然界的年、季、日、时周期变化,影响着人们的生理、病理相应的周期变化,如人的脉象春弦、夏洪、秋毛、冬石等。因此,武林点穴就有"四季点穴"之论,有着"春不打肝,打则命归天;夏不打心,击中命归西;秋不打肺,肺伤性命危;冬不打肾,肾伤魂魄飞"的讲究。民间点穴还认为,"按季对时穴受伤,就是神仙亦惊惶;春夏青龙巳时醒,秋冬白虎惊戌时",因此,点打人体要害穴位,在一天中,又分不同的时辰点打才能有效。因为经络气血循行,既有一定路线,又有一定时间规律。

每天,人身气血在人体各经络中循行一周为二十四小时,即十二个时辰,而且,"周身气血有一头",一天中的各个时辰,气、血之头注入何经、何穴均有一定规律。因此,在一天中,穴位又有"实穴"和"空穴"之分。如辰时气血走胃经,胃经上的穴位如乳中穴、人迎穴等就是打开的,称"实穴",此时点打乳中穴或人迎穴,便会使对手气血停顿阻滞,不能正常流行,引起全身各部麻木。而其他十一经的穴位则是闭合的,也称"空穴",若此时点打其他经穴则效果不如此穴。那么一天之中,只有当气血注入某一特定穴位时,适时点打该穴位,才能产生打击的奇效。在少林点穴中,足底的涌泉穴属于"死穴",被视为"气血之所系,百脉之中枢",按照气血流注的顺序,"每当亥正时分,气血"之头注入涌泉穴,"亥时末刻气血出宫行入别穴"。只有在一天中的亥时点中涌泉,才会使"穴道封闭,轻则限期取命,重则立刻身亡"。否则,错过了穴位的打击时辰,气血一过,穴位走空,虽说是要害,但击中的是"空穴",因此很难奏效。为此,民间习练点穴,要求在一定的时辰里,点打某一气血流行开合的穴位,致使对方气血流行中断,产生知觉失效,没有反击能力,这就是武术点穴中的"按时取穴"的原理。

古时时辰对应今时间:

子时:23点钟到1点钟;　　丑时:1点钟至3点钟;

寅时:3点钟至5点钟;　　卯时:5点钟至7点钟;

辰时:7点钟至9点钟;　　巳时:9点钟至11点钟;

午时:11点钟至13点钟;　　未时:13点钟至15点钟;

申时:15点钟至17点钟;　　酉时:17点钟至19点钟;

戌时:19点钟至21点钟;　　亥时:21点钟至23点钟。

二、武学中的人体要害穴位

中医的经络学说,是我国历代民间郎中和武术人士,在长期的生活实践中,不断摸索、尝试,将经验加以总结、归纳、积累而成的。现在,人们对经络实质问题进行着多方的探讨与实验,但是,不得不肯定,经络活动与生命活动是息息相关的。民间的武术艺人更是将经络活动看作生命活动的最基本形式,看作生命的主宰,并认为掐拿、压迫、打击这些"穴位",可以使人的肢体麻痹、周身剧痛、麻醉无力,并造成严重伤害、昏迷或者死亡,视为生命系统的薄弱环节。因此,我国历代民间武学家们,通过中医经络学来专门研究确定人体的要害穴位,以及点打的手段和训练方法。

我国民间武术门派众多,不同的武术门派技击方法与技击部位各有不同。因此,在对人体要害穴位的认识上,既有相同点又有不同之处。武学中一些流派、拳种对穴位的认识如下。

少林点穴法根据人体的经络分布,将人全身的穴位分为36个致命穴、18个致残穴、26个要害穴、24个擒拿穴。此外,还有"晕穴"和要害部位等。

(一)少林36个致命穴位

(1)额头中线上星穴:入发际上一寸[①]陷中。

(2)两眉正中印堂穴:位于两眉之间。

(3)两眉外面太阳穴:眉外一寸陷中,即眉梢与眼外眦之间后方一寸陷凹中。

(4)脑后正中枕骨穴:位于枕骨粗隆上方。

(5)脑后两边玉枕穴:位于脑户穴旁一寸三分[②]。

(6)耳后厥阴穴:位于脑后两边,乳突后当浮白与完骨之间。

(7)心上华盖穴:胸骨柄与胸骨体联合的中点,即天突穴下二寸。

(8)胸前黑虎偷心穴:位于脐上三寸正中。

(9)心口巨阙穴:脐上六寸,即鸠尾穴下一寸。

(10)脐上水分穴:位于脐上一寸。

(11)脐下气海穴:脐下一寸五分。

(12)下腹关元穴:脐下三寸。

(13)下腹中极穴:脐下四寸。

(14)左膺窗:左乳上一寸六分。

(15)右膺窗:右乳上一寸六分。

(16)左乳根:左乳直下,相当于第五肋间。

(17)右乳根:右乳直下,相当于第五肋间。

(18)左期门:左乳下二肋,相当于七、八肋间。

(19)右期门:右乳下二肋,相当于七、八肋间。

(20)左幽门:巨阙穴左开五分。

(21)右幽门:巨阙穴右开五分。

[①] 一寸(市寸)=3.333cm。
[②] 一分(市分)=3.333mm。

(22)腹中血门左商曲:脐中左旁五分。

(23)腹中血门右商曲:脐中右旁五分。

(24)右章门穴:右腋中线第十一肋端下际。

(25)左章门穴:左腋中线第十一肋端下际。

(26)腹前外侧左腹结:脐左侧四寸,再向下一寸三分。

(27)腹前外侧右腹结:脐右侧四寸,再向下一寸三分。

(28)命门穴:第二腰椎棘突下正中。

(29)左肾俞穴:第二腰椎棘突下左侧一寸五分。

(30)右肾俞穴:第二腰椎棘突下右侧一寸五分。

(31)腰上左志室穴:位于命门穴左旁三寸。

(32)腰下气海俞穴:第三腰椎棘突下旁开一寸五分。

(33)腿骨尽处鹤口穴:位于尾骨宫下两腿骨尽处。

(34)阴囊后面海底穴:前阴与肛门之间。

(35)足底涌泉穴:位于第二、三趾跖关节后方,蜷足时所现的凹陷处。

(36)背后肺底穴:在脊心与前心相对处。

(二)少林 11 致晕穴

(1)脑户穴:位于百会穴后四寸五分。

(2)囟门穴(又名囟会):位于百会穴前三寸正中。

(3)上星穴(又名神堂):入发际上一寸陷中。

(4)前顶穴:百会穴前一寸五分。

(5)后顶穴(又名顶门穴):位于百会穴后一寸五分。

(6)风府穴(又名天星):项后枕骨下两筋中间。

(7)头维穴:位于额角,入发际角尖处。

(8)耳后穴:位于耳后静脉中。

(9)哑门穴:位于风府穴下一寸正中。

(10)通天穴:位于前顶穴后五分,再外开一寸处。

(11)玉枕穴:位于脑户穴旁一寸三分。

(三)少林 24 擒拿穴

(1)太阳穴:在眉梢与外眼角之间向后约一寸凹处。

(2)天突穴:胸骨柄的上缘凹陷中。

(3)天柱穴:位于后头骨正下方凹处,颈脖子处有一块突起的肌肉(斜方肌),此肌肉外侧凹处,后发际正中旁开约 2cm 即是此穴。

(4)廉泉穴:位于人体的颈部,前正中线上,结喉上方,舌骨上缘凹陷处。

(5)肩井穴:肩头高处,在大椎与肩峰之间。

(6)手三里:穴位于前臂,手肘弯曲处向前三指腹,在阳溪与曲池连线上,一按就痛之处。

(7)足里穴:位于外膝眼下四横指、胫骨边缘。

(8)曲池穴:屈肘时肘桡侧横纹尽头处。

(9)曲泽穴:在肘横纹中,当肱二头肌腱的尺侧缘。

(10)少海穴:屈肘,当肘横纹内侧端与肱骨内上髁连线的中点线。

(11)阳池穴:俯掌的姿势,于人体的手腕部位,即腕背横纹上,前对中指、无名指指缝。

(12)阳谷穴:位于人体的大腿内侧,膝盖关节内侧5cm左右上方的穴道。

(13)期门穴:位于乳下两肋间当第六肋间。

(14)章门穴:在腋中线,第一浮肋前端,屈肘合腋时正当肘尖尽处。

(15)血海穴:屈膝,髌骨内上缘上二寸。

(16)筑宾穴:该穴位于人体的小腿内侧,在太溪穴与阴谷穴的连线上,太溪穴上5寸,腓肠肌肌腹的内下方。

(17)公孙穴:位于人体的足内侧缘,当第一跖骨基底部的前下方。

(18)委中穴:位于腘横纹中点,股二头肌腱与半腱肌中间,即膝盖里侧中央。

(19)涌泉穴:位于第二、三趾跖关节后方,蜷足时所现的凹陷处。

(20)风府穴:项后枕骨下两筋中间。

(21)乳根穴:在乳头中央直下一肋间处。

(22)巨骨穴:位于人体的肩上部,当锁骨肩峰端与肩胛冈之间凹陷处。

(23)尾闾穴:位于尾骨端与肛门之间。

(24)精灵穴:即两手虎口。

(四)武当学派的人体死穴

(1)顶心。

(2)左额角。

(3)右额角。

(4)眉心。

(5)左太阳。

(6)右太阳。

(7)左耳窍。

(8)右耳窍。

(9)咽喉。

(10)气躁。

(11)胸膛。

(12)心坎。

(13)大腹。

(14)肚脐。

(15)膀胱。

(16)肾囊。
(17)左乳。
(18)右乳。
(19)左肋。
(20)右肋。
(21)左胁。
(22)右胁。
(23)脑后。
(24)左耳根。
(25)右耳根。
(26)脊背。
(27)脊心。
(28)命门。
(29)左后肋。
(30)右后肋。
(31)左脊膂。
(32)右脊膂。
(33)左后肋。
(34)右后肋。
(35)左腰眼。
(36)右腰眼。

第六章　防卫训练

第一节　身体训练

身体训练是锻炼练习者的力量、速度、耐力、柔韧、灵敏等素质的训练过程。这些素质的训练可分为一般身体素质训练和专项身体素质训练。一般身体素质训练能够促进身体的全面发展，专项身体素质训练能够有针对性地发展自卫防身所特有的运动素质。

一、柔韧训练

柔韧训练能提高练习者关节的活动幅度和肌肉韧带的伸展程度，促进练习者充分发挥技、战术水平，减少运动损伤的发生。

（一）柔韧训练的主要方法

1. 肩臂柔韧练习

肩臂柔韧练习主要是加大肩关节的活动范围，提高肩关节的柔韧性，以及上肢运动的敏捷、幅度、绕环等能力，是学习和掌握各种拳、掌等手法的基本素质。

（1）压肩。面对肋木（或一定高度的物体）站立，距离一大步，两脚左右分开与肩同宽或稍宽。两手抓握肋木，上体前俯，做下振压肩动作。教练员或同伴，也可用手在肩部有节奏地给予助力。还可两人面对面站立，互相扶按肩部，做前屈的振动压肩动作。

要求：挺胸、塌腰、收髋，两臂、两腿要伸直。压点集中于肩部，振幅、助力都应逐步加大。

（2）交叉绕环。开步站立，两臂直臂上举。左臂向前、向下、向后，右臂向后、向下、向前，于身侧划立圆绕环。左右交替练习。

（3）单臂绕环。左弓步站立，左手按于左膝上（或两脚开立，左手叉腰），右臂垂于体侧。向后绕环时，右臂由下向前、向上、向后绕环；向前绕环时，右臂由上向前、向下、向后绕环。练习时，左右臂交替进行。做左臂绕环时，换右弓步站立，方法相同。

要求：肩放松，臂伸直，划立圆，逐渐加快速度。

（4）乌龙盘打。两脚开立略宽于肩，两臂垂于体侧。左脚向左迈出一步成左弓步，上体随之左转，同时右臂向左前下方伸出，左掌手心向内，掌指向下，插于右臂肘关节处。上动不停，上体右转成右弓步，同时右臂伸臂向左、向上、向右抡臂划弧至右上方，左掌下落至左下方；上动不停，上体右后转，同时右臂直臂向下、向后抡臂划弧至后下方，左臂直臂向上、向前抡臂划弧至前上方；上动不停，上体左转成右仆步，同时右臂直臂向上、向右、向下抡臂划弧至右腿内侧拍地,左臂向下、向左抡臂划弧停于左上方。左右交替练习。

要求:向上抡臂时要贴近身,向下抡臂时要贴近腿。仆步抡拍时,眼随手。

2.腿部柔韧练习

(1)正压腿。面对肋木或一定高度的物体,并步站立。左腿抬起,脚跟放在肋木上,脚尖勾起;两手按于膝上,两腿伸直,收髋立腰。上体前屈,向前、向下做压振动作。左右腿交替练习。

要求:压振要逐渐加大振幅;先以前额、鼻尖触及脚尖,逐渐过渡到下颌触及脚尖。

(2)侧压腿。侧对肋木或一定高度的物体,并步站立。左腿支撑,脚尖稍外撇,右腿抬起,脚跟放在肋木上,脚尖勾起。左臂屈肘上举,右掌附于左胸前;两腿伸直,开髋立腰,上体向右侧压振。左右腿交替练习。

要求:压振要逐渐加大振幅,逐步过渡到上体能侧卧在被压腿上。

(3)后压腿。背对肋木或一定高度的物体,并步站立,两手叉腰或扶在一定高度的物体上。左腿支撑,右腿抬起,脚背放在肋木上,脚面绷直;上体后屈做压振动作。左右腿交替练习。

要求:两腿伸直,支撑腿全脚着地,展髋、挺胸,腰向后屈。

(4)仆步压腿。两脚左右开立。右腿屈膝全蹲,全脚着地,左腿伸直,脚尖内扣;然后两手分别抓握两脚外侧,成左仆步;接着右脚蹬地,重心左移,左膝弯曲,右腿伸直,转成右仆步。左右仆步交替练习。

要求:挺胸、塌腰,左右移动不宜过快;挺胸、沉髋,臀部尽量贴近地面移动。

(5)虚步压腿。并步站立。右腿屈膝略蹲,左腿伸直在体前,脚尖翘起,脚跟着地;上身前俯,右手握住左脚内侧,左手握在脚尖外侧,两臂屈肘,两手用力向后拉,上身前俯用下颌触及脚尖;略停片刻,上身直起,两臂伸直,接着再做第二次。

要求:挺胸、塌腰、直背、身体前探,挺膝、坐胯、收肘、下颌触脚尖。可先用头顶触及脚尖,逐渐过渡到用下颌触及脚尖。

(6)横劈叉。两手在体前扶地,两腿左右分开成直线,脚内侧着地。横劈叉完成后,可上体俯卧或侧倾进行练习。

要求:立腰、挺腰、沉髋、挺膝。

(7)竖劈叉。两手左右叉腰或左右扶地,或两臂侧平举(初学者可两手扶地),两腿前后分开成直线;前腿以后侧着地,脚尖勾起,后腿以内侧或前侧着地。

要求:立腰、挺腰、沉髋、挺膝。

3.腰部柔韧练习

(1)前俯腰。并步站立,两手手指交叉,直臂上举,手心朝上;上体前俯,两手尽量贴地;然后两手松开,抱住双脚跟腱,逐渐使胸部贴近腿部,持续一定时间后再起立。还可以向左或向右侧转体,两手在脚外侧贴触地面进行练习。

要求:两腿伸直,挺胸、塌腰、收髋,并向前折体。

(2)甩腰。开步站立,两腿伸直,两臂上举;然后以腰、髋关节为轴,上体做前后屈和甩腰动作,同时两臂跟着甩动。

要求：动作有弹性，甩腰幅度逐渐加大，速度由慢逐渐加快。

(3)涮腰。两脚开立略宽于肩，两臂自然下垂；以髋关节为轴，上体前俯，两臂随之向左前下方伸出；然后向前、向右、向后、向左反转绕环。左、右方向交替练习。

要求：逐渐增大绕环幅度，速度由慢逐渐加快。

(二)柔韧素质训练的注意事项

(1)柔韧训练是练习者必须具备的基本素质。练习者需全面发展柔韧素质，尤其要重点发展下肢柔韧素质。

(2)由于柔韧素质容易消退，因此，柔韧素质练习要保持持久性，持之以恒。这样才能巩固以前的练习成果。

(3)柔韧素质练习前，一定要认真做好准备活动。练习时不能急于求成，要根据自身柔韧情况，循序渐进，同时要与放松练习交替进行，避免撕裂和拉伤肌肉韧带。

二、力量训练

力量是练习者身体运动水平的重要指标之一。力量训练是练习者掌握技术动作、提高防身自卫水平的基础。力量训练能有效地提高练习者身体或身体某部位的力量及抗阻力的能力。

(一)力量训练的主要方法

1.绝对力量练习

发展绝对力量一般采用练习者最大力量的60%～70%的负荷重量，重复次数为8～12次，组数以不降低重复次数为原则，组间歇时间为2～5min。基础训练从40%负荷重量开始，有一定训练基础的练习者以80%负荷重量训练，并每周安排1～2次。主要采用的练习方法如下：

(1)卧推。仰卧在长凳上，推举杠铃。

(2)俯身提拉。两脚左右开立，身体前倾，膝关节伸直，两手握杠铃，做两臂屈伸运动。

(3)颈后推举杠铃。两脚左右开立，两腿直立，两手握杠铃于肩上；两臂快速向上推举杠铃到臂伸直，然后屈臂慢速还原。

(4)坐推杠铃。坐在凳上，推举杠铃。

(5)直体臂屈伸。身体直立，两手反握杠铃直臂垂于体前；两臂屈肘将杠铃翻起放在胸前，然后还原。

(6)负杠铃体侧屈。两脚开立略宽于肩，两手握杠铃于肩上；身体向左侧屈体，再向右侧屈体。

(7)体后提铃。两脚左右开立，两手正握或反握杠铃直臂垂于体后；两臂屈肘提杠铃至最大程度。

(8)屈臂伸。两脚左右开立,两手反握杠铃,两臂屈肘将杠铃置于胸前;然后伸直两臂,接着再屈臂。

(9)直臂起。两脚左右开立,两手正握杠铃下垂于体前;两臂直臂快速向前平举杠铃与肩同高,然后慢速落回原位。

(10)负重深蹲。两脚开立,两手握杠铃于肩上;然后深蹲起。

(11)负重半蹲跳。两脚开立,两手握杠铃于肩上;然后连续做半蹲跳。

(12)负重仰卧起坐。两手持杠铃片置于头后,做仰卧起坐动作。

(13)负重俯卧体后屈。两手持杠铃片置于头后,做俯卧抬上体动作。

2. 速度力量练习

速度力量是力量与速度综合在一起的一种特殊的力量素质。速度力量实际上是练习者在特定的负荷条件下所表现出来的最大动作速度能力。

发展练习者的速度力量,应采用小重量的负荷或不加负荷,练习时动作速度快而连贯。练习动作的速度要根据训练目的而定,如提高爆发力,可安排次极限速度;提高出拳、出腿的速度力量,可安排极限速度。单个练习是在不出现疲劳和不降低动作速度的状态下进行的。组间间歇时间必须保证机体工作能力的恢复和非乳酸能氧债的清除。

具体采用的动作方法有腿系沙袋做各种腿法练习,手握哑铃做各种拳法练习,抓握沙袋做各种摔法练习。拳法、腿法练习,可以采用单击、连击或组合方法进行练习。具体安排要根据训练需要确定。哑铃、沙袋重量的选择要因人而异。动作练习内容与技法参见第二章相关内容。

3. 力量耐力练习

力量耐力是指克服一定外部阻力,能坚持尽可能长的时间或重复尽可能多的次数的能力。练习者在规定时间内反复完成动作所需要具备的高水平肌肉收缩能力,必须通过力量耐力训练获得。发展练习者力量耐力的训练,多采用小重量负荷。主要采用的练习方法如下:

(1)俯卧撑。身体俯卧,两腿伸直,两手屈臂支撑,然后用力伸直,重复练习。

(2)推小车。同伴帮助将两腿抬起,做两臂支撑向前爬行的动作。

(3)三角撑。身体仰卧,头、脚撑地,挺胸弓腰,两手在腹前定时克撑。也可做收、伸下颌动作,增加练习负荷。

(4)兔跳。两腿全蹲,脚掌撑地,两手抱于头后,做连续原地跳、向前跳、侧向跳、背面跳动作。

(5)肋木举腿。背靠肋木,两手抓握横木悬垂,连续做收腹举腿动作。

4. 上肢基础力量练习

对于初级者,用哑铃进行上肢力量训练,是发展力量素质的一种有效方法。练习者根据自身情况,合理选择哑铃重量,练习负荷逐渐加大,循序渐进。主要的练习方法如下:

(1)臂屈伸。身体直立,两手反握哑铃直臂垂于体前;然后双手同时屈臂至胸前;最后落回原位。反复练习。

(2)双臂上举。身体直立,两手握哑铃于肩两侧;然后双臂同时上举至臂伸直;最后落回原位。反复练习。

(3)单臂上举。身体直立,两手握哑铃于肩两侧;然后右臂上举至臂伸直;最后右臂落回原位的同时左臂上举至臂伸直。两臂交替练习。

(4)直臂起。身体直立,两手正握哑铃直臂垂于体侧;然后两臂直臂向前平举哑铃与肩同高;最后落回原位。反复练习。

(5)侧平举。身体直立,两手正握哑铃直臂垂于体侧;然后两臂直臂向两侧平举哑铃与肩同高;最后落回原位。反复练习。

(6)俯身侧平举。俯身,两手握哑铃直臂垂于体前;然后两臂直臂向两侧平举哑铃与肩同高;最后落回原位。反复练习。

(7)俯身后摆。身体俯身,两手握哑铃直臂垂于体前;然后两臂直臂向后、向上摆起至最大限度;最后落回原位。反复练习。

(二)力量素质训练的注意事项

(1)根据防卫技法的需要,练习者必须具备较高的各种力量素质成分水平,不能单一地发展其中某个力量素质成分。应将发展机体局部力量与发展整体力量相结合;将发展大肌肉群力量与发展小肌肉群力量相结合。防止片面性,避免影响和制约其他力量素质成分的发展。

(2)练习中,练习者要将力量练习与防卫技法练习相结合。合理安排练习内容。

(3)科学合理调整和安排运动负荷。如发展极限力量的训练,要安排负荷强度大,重复次数少的练习;发展爆发力的训练,要求练习者在最短的时间内完成动作。发展力量耐力的训练,要安排负荷强度小,重复次数多的练习。

(4)准确把握力量练习间歇时间,为下一个练习做好准备。

(5)为防止肌肉僵硬,有效地提高肌肉弹性,在力量练习之后,要做好肌肉的放松调整,尤其是进行强度较大的力量练习后,更应注重对肌肉的放松调整过程。安排好力量性练习与其他性质的练习和放松练习的交替。

三、速度训练

速度训练能提高练习者反应速度和动作速度能力。根据自卫防身术特点,练习者的速度能力对发挥技、战术水平起着决定性的作用。练习者的速度训练,目的是培养练习者快速完成动作的能力,要求练习者能最大限度地表现出速度素质。

(一)速度训练的主要方法

1. 反应速度训练

练习者的反应速度分为简单反应速度和复杂反应速度。训练中,练习者对特定动作、信号做出相应反应的快慢,是简单反应速度;练习者对对手动作的变化做出相应动作的反应快慢能力,是复杂反应速度。受遗传因素影响,运动训练不能改变练习者的反应速度,但是,能把受遗传因素决定的最高反应速度潜力充分调动出来,并达到稳定。

反应速度训练常采用的方法如下:

(1)信号反应。利用口令、手势、喂引等动作,让练习者以最短的时间做出指定的相应动作。

(2)喂靶反应。对拳法、腿法采用多方位、多角度的不同距离喂靶。

(3)攻防反应。一方按指定动作进攻,另一方迅速做出防守或防守反击动作。

2. 动作速度训练

防卫技法要求练习者具有很高的动作速度能力。动作速度是练习者身体完成单个动作的时间长短,如练习者出拳或出腿的动作速度。动作速度一般由练习者的速度素质、力量、耐力、协调所决定,因此,提高动作速度,必须发展相应的运动能力。动作速度训练常采用的方法如下:

(1)重复法。通过规定最高速度指标,并变换练习程序进行训练。应常采用练习者不习惯的动作进行速度练习。练习中要求练习者最大限度地发挥动作速度,采用变换练习程序的方法,促进各速度之间产生最大可能的转移。减少因技术动作定型影响速度的提高。

(2)重量变化法。练习者负重进行练习,重量由重到轻。这种方法在训练学中叫作后效作用,可以提高动作的加速度和工作力量。

(3)测验法。设定防卫场景,对练习者提出防卫目标、要求,强调测验重要性,激发、调动练习者防卫热情,以此提高动作速度的练习效果。

(二)速度素质训练的注意事项

(1)根据自卫防身技法特点,要全面发展反应速度、动作速度和位移速度,尤其要重视发展反应速度。

(2)动作的速度,决定于中枢神经系统的灵活性,以及动作的力量、柔韧、灵敏、协调和速度耐力等因素。因此,需重视发展其他相关素质,以促进速度素质的提高。

(3)速度训练,要求练习者必须在积极的状态下进行,才能达到预期的训练效果。练习者只有精力充沛,以饱满的热情投入练习中,才能形成快速动作的条件反射。练习者在身体疲劳、情绪低落时进行速度练习,容易出现伤害事故,长期如此练习,还会形成慢速动力定型。

四、耐力训练

耐力素质是指练习者能否以充沛的体力保证技、战术的运用和发挥。耐力训练能提高练习者长时间肌肉持续工作的能力，它包括有氧耐力训练和无氧耐力训练。有氧耐力是机体在有氧供能状态下持续工作的能力。高水平的有氧耐力，有助于练习者进行大运动量负荷训练，抵抗疲劳、快速恢复。无氧耐力是机体在无氧供能状态下持续工作的能力。高水平的无氧耐力有助于保证技术动作不变形。

(一)耐力训练的主要方法

(1)有氧耐力训练。主要采用强度小、负荷时间长的各种练习。心率控制在 150 次/min 左右，时间保持在 30min 以上，如反复跑、较长距离的长跑、变速跑、跳绳等。

(2)无氧耐力训练。主要采用练习密度大、负荷时间短、间歇时间短的各种练习。例如，限制时间规定组数的空击、打沙包和实战等。训练中要逐渐增加重量、数量、次数，提高强度和缩短间歇时间。

(二)耐力素质训练的注意事项

(1)教练员要根据练习者身体训练水平情况，科学、合理地安排有氧耐力训练和无氧耐力训练。

(2)在进行一般耐力训练的同时，还应加强防卫技法所需的耐力训练。

(3)按照训练计划、目标和任务，科学、合理地安排练习的强度、数量、重复次数、间歇时间、休息方式等。

(4)耐力素质训练，不仅对练习者进行身体训练，而且需要练习者具备良好的意志品质，才能达到预期的训练效果。因此，在训练中，教练员一定要注重培养练习者不怕苦、不怕难，勇敢顽强、持之以恒、坚韧不拔等意志品质。

五、灵敏训练

灵敏性能反映练习者的反应速度、动作速度、协调能力。灵敏训练能提高练习者在短暂时间内准确、迅速、灵活支配身体位移的能力。

(一)灵敏训练的主要方法

(1)躲闪垒球。一人或多人用垒球投向练习者的身体各部位，练习者做躲避垒球练习。

(2)喂引闪躲。一人或多人做各种进攻动作，练习者做躲闪练习。

(二)灵敏素质训练的注意事项

(1)灵敏训练要紧密结合自卫防身术的特点，合理安排训练内容。灵敏训练采取的方法与手段要经常变换，避免单一性。

(2)灵敏素质对掌握和改进技术动作起着非常重要的作用，要加以重视。不仅在基础练习阶段,要安排大量的发展灵敏素质的练习,而且在整个练习过程中,都要注重安排发展灵敏素质的练习。

(3)灵敏素质的练习,可与发展其他素质的练习同时进行。

(4)练习者只有在心理素质良好的状态下练习灵敏性,才能达到良好的效果。因此,教练员要注重培养练习者勇敢顽强、敢于拼搏、不怕困难的心理素质。在练习前,练习者要尽可能消除紧张和恐惧心理。

第二节 基本动作训练

常采用的练习方法有原地空击、行进间空击、对镜空击、打固定靶等。通过不断的训练,使练习者逐渐掌握动作的练习方法、要领,并达到动力定型。基本动作训练内容要根据练习者训练水平循序渐进,不断提高。同时,训练中要注重培养练习者良好的意志品质和必须具备的心理素质。基本动作练习内容参见第二章相关内容。

第三节 功力训练

一、打击力量训练

(一)打沙包训练

打沙包练习是利用沙包作为击打目标的一种练习形式。它对于提高动作打击力度、连续攻击的频率、近距离组合技术攻击能力和专项耐力,效果显著。

打沙包练习的注意事项如下:

(1)打沙包练习一定要根据练习的目标,与防卫需要相结合,合理安排练习内容,避免练习与防卫脱节。

(2)练习时,要注意把握动作方法的准确性与合理的发力顺序,避免关节韧带损伤。

(3)打沙包时,要结合防卫,调整好击打目标的距离、节奏、方位等。

(4)沙包的松软要适度,不宜过硬。打过硬的沙包,会影响练习的爆发力。

(5)打沙包练习均从防卫姿势开始,动作练习方法参见第二章相关内容。

(二)打、靠撞木桩训练

打、靠撞木桩是武术的一种传统训练手段。这种练习对提高练习者的打击力量,增强其抗击打能力有明显的效果。

取长约2m、直径约30cm的圆木,将一端植入地下(或以树代桩),在其外层包裹软垫,避免皮肤受伤。木桩相对较硬,缓冲较差,如练习不当,容易造成肌肉或关节损伤。因此,练习一

定要循环渐进,力量要由小到大,由轻到重。打木桩练习的主要方法如下:

(1)脚踢木桩。练习者以防卫姿势面对木桩,左腿微屈支撑,身体稍右转;右腿微屈提起,膝外展,勾脚,用脚弓内侧磕击木桩下部约30cm高处,同时左臂内旋,横掌前伸,以掌外沿推击木桩上部。

(2)勾踢木桩。练习者以防卫姿势面对木桩,距桩约一臂距离;左腿屈膝支撑,身体左转,带动右腿微屈提起,勾脚,以脚弓内侧由后向前成弧形,勾踢木桩的根部,同时右臂前伸,以掌或前臂向勾踢的相反方向切击木桩。也可以以人代桩练习。

(3)左腿蹬木桩,右腿蹬木桩。练习者以防卫姿势面对木桩,动作练习方法参见第二章中的蹬腿动作。

(4)左腿踹木桩,右腿踹木桩。练习者以防卫姿势面对木桩,动作练习方法参见第二章中的踹腿动作。

(5)左侧弹腿踢木桩,右侧弹腿踢木桩。练习者以防卫姿势面对木桩,动作练习方法参见第二章中的侧弹腿动作。

(6)左推掌击木桩,右推掌击木桩。练习者以防卫姿势面对木桩,动作练习方法参见第二章中的推掌动作。

(7)左砍掌击木桩,右砍掌击木桩。练习者以防卫姿势面对木桩,动作练习方法参见第二章中的砍掌动作。

(8)肩、髋靠撞木桩。肩、髋靠撞木桩的练习,是以木桩代人进行的一种练习方法,是指用肩或髋去撞击木桩。

(9)臂靠木桩。臂靠木桩的练习,是以木桩代人进行的一种练习方法,指用臂去撞击木桩。

二、抗击打力训练

抗击打力是人体对外界击打的承受能力。练习者不仅要具有良好的身体素质,技、战术水平,心理素质等,而且还需要有很强的抗击打能力。否则,有可能因为遭受一次重击,导致练习者出现心理障碍和技术发挥失调。

抗击打力训练是独特的练习形式,是为了提高练习者的抗击打能力进行的专门训练。它能使练习者骨骼变得坚硬、粗壮。

(一)手臂训练

手臂是防守的主要部位之一。

要求:练习时一定要循序渐进,用力由轻到重。训练结束后要及时按摩或热敷打击部位,以便消除瘀血。

(1)棒击手臂。练习者手持一根小木棒,磕击自己前臂的尺、桡骨侧。

(2)自我磕臂。练习者双手握拳,两臂稍屈肘交叉于体前;然后两臂上下相互磕碰,交换反复练习。

（3）两人靠臂练习。练习者面对面站立，相距约一臂距离；双方同时左转体，带动右臂前摆相磕于腹前；然后同时向右侧转体，右臂收回磕左臂，交替、反复练习。

（二）靠背训练

在防卫中，练习者要承受对方打击和防守。靠背练习能提高练习者的抗击打能力。

要求：重心要稳定，相撞瞬间全身肌肉保持紧张，避免内脏受到强烈震动。

练习者背对墙或者沙包、树桩等物体，或两人背对背约半臂距离。两腿微屈开立，两臂屈肘抱于胸前，含胸，背部肌肉保持紧张；然后蹬腿，重心后移，用背部撞击。

（三）拍打训练

拍打训练是指通过自我拍打或互相拍打，提高练习者身体各部位的抗击打能力。主要拍打人体的要害或容易受伤的部位，如头部、腹部、胸部、肋部等。

要求：练习时，要根据受击一方的身体拍打承受能力，循序渐进。尤其拍打人体要害部位时，一定要适度，避免受伤；练习者在被拍打的瞬间，全身肌肉一定要保持紧张状态，并与呼吸协调配合。

人体躯干部位的目标最大，也是侵害方攻击的主要部位。因此，提高这些部位的抗击打能力，尤为重要。

拍打躯干训练主要采用的练习方法如下：

（1）自我拍打。练习者先用拳、掌击打自己的胸部、腹部、肋部等部位，随着训练水平的提高，再逐渐过渡到借助外力的对抗性训练。自我拍打主要针对训练的初级阶段。

（2）两人互相击打。甲乙练习者面对面开步站立（或面对面做马步桩），甲方双手握拳，体前屈臂；乙方用拳击打甲方的胸部、腹部，并用前臂抢击其肋部。

（3）两人互相踢击。甲乙练习者面对面或侧向站立，甲方五指交叉抱于脑后（或两手握拳双臂屈肘举于体前）；乙方可分别用蹬腿、横踢腿、侧弹腿等腿法，踢击甲方的胸部、肋部、腹部、背部。

三、武学中擒拿点穴的基本功法及练习

武术擒拿格斗中运用的点穴，手指接触面积很小，杀伤力、渗透力很强，点打穴位效果较好。但是，指点穴位时，需要指功坚实，否则，也极易受伤。此外，还可使用拳尖、肘尖、膝尖、足尖、头顶点打穴位技法。

（一）指力解绳

用拇指、食指、中指逐一解开打结的麻绳。

（二）指力点石

两手指分开触墙并向下按。

（三）单臂俯卧撑

一手五指撑地，单臂屈伸做俯卧撑。

（四）双臂倒立

双手十指直臂撑地，两臂与肩同宽，双脚朝上直膝并拢靠墙倒立。

（五）十指支撑

双手十指直臂于身体两侧撑地，双脚直膝并拢直角于体前，勾脚尖。

（六）十指爬行

双手十指直臂撑地，两臂与肩同宽，身体伸直，双脚由教练或同伴抱在腰部两侧，然后双手手指交替向前爬行。

（七）团身撑地

双手十指屈肘撑地，两臂与肩同宽，身体团收，双腿屈膝抬起。

（八）双臂俯卧撑

双手十指直臂撑地，两臂与肩同宽，双腿并拢，直膝，脚掌着地，身体挺直，然后双臂做俯卧撑。

（九）十指支撑

双手十指直臂撑地，两臂与肩同宽，双腿分开，直膝，脚掌着地，臀部上翘，身体成"人"字形，然后上身下俯，头最大限度前移再后移还原。

第四节　武术基本动作训练

武术基本动作训练，对于练习者学习和掌握自卫防身术基本动作和技法、提高训练水平、防止伤害等，具有积极的促进作用。武术基本动作训练，对处于初级阶段的练习者，是非常重要的。以下介绍练习的基本动作。

一、正踢腿

两脚并立，两手立掌，两臂侧平举；左脚向前上半步，左腿支撑，右脚脚尖勾起向前额处猛踢；两眼平视前方。左右腿交替练习。

要求：要挺胸、直腰；踢腿时两腿膝关节绷直，要用猛力的收髋收腹带动踢腿加速。

二、斜踢腿

两脚并立，两手立掌，两臂侧平举；右脚向前上半步，右腿支撑，左脚脚尖勾起，向异侧耳际猛踢；两眼平视前方。左右腿交替练习。

三、侧踢腿

两脚并立,两手立掌,两臂侧平举;左脚向右前方上半步,脚尖外展,右脚脚跟稍提起,身体略左转,右臂前伸,左臂后举;随即右脚脚尖勾起向右耳侧踢起,同时,左臂屈肘上举亮掌,右臂屈肘立掌于左肩前;两眼平视前方。左右腿交替练习。踢左腿为左侧踢,踢右腿为右侧踢。

要求:挺胸、直腰、展髋、侧身,要用猛力的收腹带动踢腿。

四、外摆腿

两脚并立,两手立掌,两臂侧平举;左脚向左前方上半步,右脚尖勾起向左侧上方经面前向右侧摆动,直腿落在左脚旁;两眼平视前方。右摆腿时,右掌也可在右侧上方与右脚击响。左右腿交替练习。

要求:挺胸、塌腰、松髋、展髋。外摆路线成扇形,幅度要大。

五、里合腿

两脚开立,两手立掌,两臂侧平举;左脚向左前方上半步,右脚脚尖勾起内扣并向右上方踢起,经面前向左侧直腿摆动,落于左脚外侧;两眼平视前方。右摆腿时,左手掌也可在左侧上方迎击右脚掌击响。左右腿交替练习。

要求:挺胸、直腰、松髋、合髋,里合路线成扇形,幅度要大。

第七章　自卫防身术的损伤及其预防

第一节　运动中常见的损伤与处理

自卫防身术对抗性的特点,决定了练习者在训练中发生损伤的概率较高。如果出现运动损伤,就会影响练习者进行正常的训练,影响技、战术水平的提高,严重的会无法再进行此项目的训练。因此,在自卫防身术训练中,运动损伤的防治是非常重要的。

教练员和练习者都必须了解和掌握自卫防身术运动损伤发生的规律及原因,提前做好预防措施,尽可能减少或避免运动损伤。同时掌握运动损伤的处理及救治方法,使伤者能及时得到临场处理。

一、擦伤

擦伤在自卫防身术训练中较常见,练习者在踢、打靶或互相对抗时,皮肤浅层受到摩擦、撞击、牵拉而受伤,如手、臂、脚背、面颊、口、眼、鼻等都有可能出现擦伤。为了避免或减少擦伤,练习者在训练时,一定要做好准备活动,训练前要检查器械是否有破损或异物。

擦伤的处理方法:擦伤面积较大,用2.5%的碘酒和75%的酒精在伤口周围消毒,再用生理盐水棉球涂抹除掉伤口异物,然后用绷带包扎;如果擦伤面积较小,可用0.1%的新洁尔灭溶液涂抹。

二、软组织损伤

软组织损伤是在皮肤无开裂的肌肉表层或肌肉深层处,多发于胸部、腹部、腿部、睾丸、臂部等部位。肌肉外表层损伤会出现损伤处疼痛、红肿或表现紫色,肌肉深层损伤会出现疼痛剧烈、血肿、肌纤维破裂。

软组织损伤的处理方法:在损伤出现肿胀前,用凉水或冷镇喷雾剂冷却,也可以用弹性绷带加压包扎,以缓解肿胀。如出现肌腱断裂时,应将肢体包扎固定后,及时送医院治疗。

三、关节脱臼

练习者在自卫防身术训练中,如使用拳法用力空击或倒地自我保护动作不当时,有可能造成肘、肩关节脱臼,骨头从关节囊中脱出,出现疼痛、肿胀甚至功能丧失等现象。

关节脱臼的处理方法:用牵引屈肘法使肘关节复位。让伤者坐好,两人配合进行,一人站在伤者背后,用手握住伤者伤肢上臂,另一人一手握住伤肢手腕部,另一手拇指抵住伤者尺骨鹰嘴部,两人对抗牵引数分钟后,再逐渐屈曲伤者肘关节,方可复位。然后将伤者肘关节屈曲90°位置固定,并用三角巾悬挂伤肢于胸前;用手牵足蹬法使肩关节复位。让伤者仰卧,复位人坐在伤者侧面,双手握住伤肢手腕部位,并将足底伸至伤侧腋下(左肩用左足,右肩用右足),蹬住伤者的胸部,缓缓拉伤肢,同时逐渐向外旋转,方可复位。

四、骨折

练习者在互相对抗时,由于防守不到位,头部、躯干受到重击,或失去平衡倒地后,自我保护不当等,都有可能造成骨折。骨折分为开放性骨折和闭合性骨折。如果出现骨折,应立即将肢体包扎固定后送医院治疗。

骨折的处理方法:对开放性骨折的伤者,先进行止血,伤口消毒,用消毒巾包扎,做好临时固定,然后立即送医院治疗;对闭合性骨折的伤者,最重要的是,不能让伤者的伤处活动,如果活动伤处,伤者不仅会感到剧烈疼痛,而且还会使伤处血肿扩大,有时还会损伤一些血管和神经。应根据受伤的不同情况,采取不同方式的骨折固定,固定后应立即送医院治疗。切记,伤处未经固定处理,不能搬动。

五、神志不清与休克

在训练中,当练习者头部、颈侧、腹部、裆部受到重击,或被摔倒后头部、内脏受到剧烈震荡时,练习者会出现面色苍白、四肢厥冷、血压下降、神志不清、身体摇晃、动作失调等现象,严重时可能会出现休克。

神志不清与休克的处理方法:当练习者头部受到重击而倒地不起,或站立不稳时,检查伤者瞳孔,瞳孔一大一小,则判断是脑震荡,应送医院治疗。在此期间,对昏迷不醒者,可掐其人中、足三里、百会、内关等穴位。当练习者颈动脉受到重击而休克,处理方法与上述相同。当练习者腹部受到重击时,也有可能出现暂时性休克,但此时意识清楚,如经过短时间休息后,能很快恢复,如仍有不适,应立即送医院治疗。当练习者裆部受到重击,可一人抱伤者腰部,伤者自己托住裆部向上跳以缓解伤情,如伤情严重,要检查外部是否出血,睾丸是否进入腹腔,如有这些情况,应立即送往医院治疗。如果练习者出现昏迷时间在 5min 以上,清醒后头晕、恶心、呕吐剧烈、两瞳孔变形或不对称,清醒后有颈项强直,或出现第二次昏迷的情况,说明头部严重损伤,应立即送医院急救。在此期间,对昏迷不醒者,可掐人中,或嗅氨水以使其苏醒。

处理常见的休克,应让伤者平卧,头侧偏,将伤者躯干抬高10°,下肢抬高20°,不可随意搬动,注意防寒或防暑,并保持伤者呼吸道通畅。如伤者有呕吐物或血块,应及时处理干净。如伤者处于昏迷状态,经检查没有脑震荡,则应立即做人工呼吸,使伤者恢复常态。如伤者已停止呼吸,则应先做人工呼吸,同时,肌肉注射尼可刹米注射液。如伤者心跳停止,应立刻进行心脏按压。对重伤者,出现内出血,应立刻内服止血药,伤者外伤出血,应及时进行无菌加压包扎止血,扎住时间较长时,要松开一下,并尽量抬高出血部位。

第二节 自卫防身术运动损伤的预防

一、做好准备活动

准备活动不充分,最容易造成运动损伤。在训练前,必须安排 20～30 min 的时间做准备活动,使各关节、韧带充分活动开,充分调动训练热情。

二、科学、合理安排训练

自卫防身术训练,练习者在掌握技术和运用技术的过程中不仅要承受训练中的苦,还要承受被击打带来的皮肉之痛。因此,练习者要做好充分准备,克服困难,按照教练员的安排,持之以恒,刻苦训练。如果对训练产生消极情绪,易引起运动损伤。这就要求教练员在训练的安排上要科学合理,充分调动练习者的训练热情,不能操之过急。例如,摔法练习要在倒地的自我保护动作掌握好之后进行,攻防实战练习要在防守动作形成动力定型之后进行,实战要在进攻和防守意识已形成,并具备了打击和抗击能力之后进行。根据具体情况,把握循序渐进的原则,有系统、有规划地安排训练,才能减少和避免运动损伤的发生。练习者疲劳时,也易造成运动损伤,教练员一定要安排好训练强度和运动量。此外,由于年龄、素质、基础、水平的不同,训练中要遵循区别对待原则,减少损伤发生,保证运动训练的顺利实施。

三、认真训练,提高技术水平

自卫防身术对抗激烈,不确定因素很多。因此,无论对手是谁,训练都必须要认真,始终保持一定紧张状态,一次放松与疏忽都有可能造成运动损伤。此外,认真训练,提高技术水平,积累丰富的经验和教训,才能在自卫防身术实战训练中少挨打,降低受伤的概率。

四、加强易损伤部位的肌肉力量

腕、膝、踝、指等关节是易受伤部位,也是人体的薄弱部位,加强关节周围肌肉力量练习,能有效地预防这些关节的损伤。因此,要有意识地加强这方面的训练。

五、培养练习者良好品德

教练员一定要培养练习者具备良好的心理素质,正确认识训练动机,树立自身良好的武德素养。训练中,练习者要文明礼貌、严格遵守训练原则,绝不有意击打禁击部位、做出有意伤害对方的行为。避免故意对他人造成运动损伤或伤害事故行为的发生。

六、加强医务监督

在训练中,应加强医务监督,认真检查运动员生理、生化指标,检查伤后、病后恢复情况,并对练习者训练进行控制。练习者在伤病未愈期间,一定要调整和休息,不宜参加训练。否则,会使伤病加重或造成新的损伤。教练员和练习者要积极配合医生的工作,尊重医生的意见。

参 考 文 献

[1] 《中国武术百科全书》编撰委员会.中国武术百科全书[M].北京:中国大百科全书出版社,1998.
[2] 中国国家体育总局.中国体育教练员岗位培训教材:武术(散手)[M].北京:人民体育出版社,1999.
[3] 马学智.跟专家练散手[M].北京:北京体育大学出版社,1998.
[4] 魏峰.世界特种部队高级格斗术与功力训练[M].北京:北京体育大学出版社,2005.
[5] 全国体育院校教材委员会.体育院校通用教材运动训练学[M].北京:人民体育出版社,2000.
[6] 陈金源.军事擒拿格斗应用解剖学[M].北京:人民军医出版社,2000.
[7] 《中国武术教程》编写委员会.中国武术教程:下册[M].北京:人民体育出版社,2004.
[8] 全国体育学院教材委员会武术教材小组.武术[M].北京:人民体育出版社,1991.
[9] 南仲喜,王林,等.身体素质训练指导全书[M].北京:北京体育大学出版社,2003.
[10] 《中国散手》编写组.中国散手[M].北京:人民体育出版社,1990.
[11] 张风雷.武术防卫学[M].北京:人民武警出版社,2003.
[12] 刘文成.犯罪学[M].北京:群众出版社,2001.
[13] 陈锐.安全教育与自卫防身[M].北京:北京体育大学,2005.
[14] 田麦久.论运动训练计划[M].北京:北京体育大学出版社.1999.
[15] 公安部政治部.犯罪学[M].北京:中国公安大学出版社,1997.
[16] 莫洪宪.犯罪学概论[M].北京:中国检察出版社,1999.
[17] 张根田.女子防身术应用手册[M].北京:世界知识出版社,2014.
[18] 王红辉.世界自卫格斗解密[M].北京:人民体育出版社,2010.
[19] 曹建文.反恐抗爆应急自卫[M].北京:北京体育大学出版社,2015.
[20] 董如军.警用体育格斗术技法[M].北京:人民体育出版社,2010.
[21] 周洪生,孟祥文.防身术[M].长春:吉林文史出版社,2015.
[22] 黄光志.防身术实战秘籍[M].北京:北京体育大学出版社,2010.